UNIQLO MIX STYLE

「ユニクロは3枚重ねるとおしゃれ」の法則

ファッションエディター
伊藤真知

講談社

はじめに

はじめまして、私は、伊藤真知と言います。
今年で40歳。大学を卒業して、出版社に入社して以来、ファッションページの構成を考えるエディターとして、記事を書くライターとして、20年近くファッション誌に携わってきました。

30代前半に独立し、今はフリーランスのエディターとして上は「ＶＥＲＹ」や「Ｍａｒｉｓｏｌ」、もう少し若い世代の「ＢＡＩＬＡ」や「ｗｉｔｈ」といった女性誌を中心に、毎号さまざまな企画を担当させていただいています。
そんな中でも、これまでに最も多く担当させていただいたのが「ユニクロ」の企画。総ページで考えると、１００ページ近くにのぼります。

毎回、どうやったらおもしろくなるか、わかりやすく伝えられるかを考えながら記事を作るように心がけていますが、決められたページ数の中では、また、さまざまな大人の事情もあったりして、すべてを満足いくようにお伝えするのには、どうしても限界があります。

20代と40代とではおしゃれの参考になるものが違いますし、お仕事をしているか、していないかでも、選ぶトレンドは変わってくる。

UNIQLO
MIX
STYLE

だからこそ、世代やテイストを超えて、雑誌という垣根を越えて、
ユニクロを着ている人にも、苦手という人にも、
私がエディターという経験を通して、おしゃれのプロから教えていただいた
「ユニクロの楽しみ方」をしっかりとお伝えできるように、
一冊の本にまとめることにしました。

20代でも40代でも、ＯＬさんでも、子育てまっ只中のお母さんでも、
甘い服が好きでも、辛い服が好きでも構いません。でも、
「ユニクロって、どうしたらもっと素敵に着れるんだろう」
「また着てるって思われないためには、どうしたらいいんだろう」
と悩んでいる方には、ぜひ読んでいただきたいと思います。

ユニクロの服が多くの方に〝着やすい〟ものであるように、
この本も多くの方に手に取っていただきやすいように、
小難しいルールは入れず、シンプルに、ていねいに書きました。

「なんか今日、可愛いね」と言われたら大成功！
「それどこの？」なんて言われたら、もう拍手です。
「これね、ユニクロなの！」——そう、自信を持って答えることができるように、
誰にもできて、本当に使える、着こなしのヒントだけを集めました。

大人のユニクロ
着こなしルール

UNIQLO
Styling
Method

UNIQLO
Styling
Method

1

「気分が上がる」と「気分が落ち着く」を組み合わせる

たとえば、ひと目惚れして買ったスカートと、
もう何度も〝似合うね〟と言われているニット。
「着ていて楽しい」と「着ていて安心」があれば、
たいがいのおしゃれはうまくいくと思います。
若いときほど勢いだけでは進めない今だからこそ、
一つ流されたら、一つは地に足のついた服を。
トレンドを自信を持って楽しむためにも
大人にはやっぱり、ベーシック服が必要です。

ニット：**UNIQLO**
スカート：WRAPINKNOT
Tシャツ：Acne Studios
ストール：Joshua Ellis
バッグ：Té chichi
靴：PATRICK

シャツ(メンズ)：**UNIQLO**
パンツ：**UNIQLO**
ニット：GALERIE VIE
ピアス：JUICY ROCK
バッグ：JIL SANDER NAVY
靴：JIMMY CHOO

UNIQLO Styling Method **2**

「ちょっとしたこと」を大事にする

30代半ばを過ぎたあたりから
似合っていた服が似合わなくなったり、
体型の悩みも増えてきて、昔よりも
〝ていねいに〞服を着るようになりました。
そのままで十分にコーディネートが
成立しているニットとパンツ、
そこに一枚シャツを重ねてみる。
ほんの数センチ、数ミリの違いだけど、
そんなひと手間があるだけで
おしゃれになれる気がするんです。

UNIQLO Styling Method

3

さりげなく、でもどこか必ず「女っぽい」

ヒールをはく、肌を出す、髪を巻く……
モテたいとか、きれいと言われるためではなく、
〝今日会う人のため〟にちゃんとする。
そういう気遣いのあるおしゃれができる人って
本当に素敵だし、大人だなと思います。
がんばらないほうが今っぽかったりもするけれど、
女性はやっぱり「女らしい」のが一番！
そのためにも毎日、少しの女っぽさは忘れずに。

パンツ：**UNIQLO**
トップス：ESTNATION
ハット：KIJIMA TAKAYUKI
靴：NEBULONI E.

UNIQLO Styling Method

4

大人こそ、迫力よりも「お茶目」を大事に

高価な「一生モノ」はもちろん憧れ。
でもたまには、無条件でワクワクする色や、
持っているだけで癒やされるバッグで
"遊ぶ"楽しさがあってもいいと思うんです。
気分が上がれば、おしゃれが楽しくなるし、
おしゃれが楽しくなれば、人に会いたくなる。
シンプルな服にちょっとの「お茶目」。
それだけで、今日はきっと豊かになるはずです。

スウェット(メンズ)：**UNIQLO**
Tシャツ：**Uniqlo U**
デニム：upper hights
バッグ：BEAUTY&YOUTH
靴：NEBULONI E.

仕事柄、おしゃれは好きなほうだと思います。
でも私はもともとコーディネートを考えるのは苦手で、ピンときたものを
後先考えず買ってしまうタイプ。20代の頃はオレンジのトレンチとか、
ダメージがすぎるデニムとか〝パッと見は可愛いけれど、使いにくい服〟に

コート：**UNIQLO**
パーカ：**UNIQLO**
シャツ(メンズ)：**UNIQLO**
デニム：STUNNING LURE
バッグ：CHANEL
ストール：yusamizu

ファッション誌で仕事をしていますが、私の一軍ワードローブの5割はユニクロです

惹かれがちで、いつもどこかまとまりのない格好ばかりしていました。

そんなある日、仕事で家に帰れない日が続き、出先でシンプルなニットを買ったのがユニクロの始まりでした。初めはまぁ一日乗り切れればいいやくらいに思っていましたが、ためしに、持っていた〝可愛いけれど、使いにくい服〟と合わせてみたら、これがびっくりするほどまとまって〝いい感じ〟に！気がつけばさまざまなユニクロの服がワードローブを占めるようになり、時にコーディネートの主役になったり、ユニクロを着ている日のほうが褒められたりするようになりました。

こういう仕事をしている以上は、流行やブランドも気にはなります。でもやっぱり私は「気分が上がる」とか「ワクワクする」とか、自分が〝楽しい〟と思える気持ちこそを大切にしたい。それをちゃんと〝現実〟のおしゃれに引き戻してくれるのが、ユニクロのベーシックなんだと思います。

だからといって、ユニクロならなんでもいいわけではありません。たくさんの失敗とエディターという経験を通して、最近少しずつユニクロの〝使い方〟がわかるようになってきました。ポイントは「上質感」と「自分に似合う」こと。

その見極め方のヒントを、これからご紹介したいと思います。

01; CHAPTER

大人が着るべき“とんでもなく上質なユニクロ”を選び抜く方法

CONTENTS

UNIQLO
MIX
STYLE

02; CHAPTER

私のワードローブになくてはならない偏愛ユニクロ名品10

03; CHAPTER

まじっ？ 安っ！ とよく言われる、私のズルい高見えルール

CONTENTS

UNIQLO
MIX
STYLE

＊本書に掲載したユニクロ、および他ブランドの商品は、すべて著者の私物です。販売が終了しているものもあること、価格や取り扱い店舗などについてのお問い合わせにはお答えできないことを、ご了承ください。また、各ブランドへのお問い合わせはご遠慮いただきますようお願いいたします。

CHAPTER

01;

UNIQLO
MIX
STYLE

大人が着るべき
とんでもなく上質なユニクロを
選び抜く方法

「とりあえずユニクロ」ではなく、「これがいいからユニクロ」

ユニクロを着始めたきっかけは、バラバラだった手持ちの服たちを〝とりあえず〟つなげるためでしたが、ワードローブに欠かせない存在となった今は、〝これがいいから〟と吟味して買うようになりました。私がユニクロを買うときに最も意識するのは、「上質感」を感じられるかどうか、ということです。

上質感というのは〝安っぽく見えない〟ということに尽きますが、今のユニクロは本当に研究されていて質がいいので、そうそう安っぽいものに出会うことはありません。となると、より高見えするためには何がポイントになるのか。詳しくは各パートでご紹介しますが、「素材」と「色」は基本中の基本です。

そしてもう一つ、実は素材や色以上に気をつけるべきなのが「サイズ」選び。ユニクロはウィメンズ、メンズ、キッズがあり、オンラインショップに限っては小さいものではＸＳ、大きいものは３ＸＬまで展開している商品が数多くあるので、それだけ自分に合うものが見つかるチャンスもあります。どんな服にも共通することですが、体に合ったサイズのものを着ているとそれだけできちんと見えて、品のよさが生まれます。つまりは「上質感」につながるのです。

自分に合うものを着るというのは、ただフィットした服を着ましょうということとは違います。最近、流行っているオーバーサイズを選んだっていい。でもそのオーバーサイズも、ウィメンズのMよりもメンズのSのほうがしっくりくることもある。ダボッと着たいスウェットパーカも、〝自分に似合う大きめ〟を選べば、おしゃれの印象はだいぶ変わってきます。

ユニクロのアイテム数の多さは、言うまでもありません。雑誌やテレビで連日のように特集が組まれ、おしゃれな女の子たちがインスタグラムでコーディネートを紹介している。これだけ注目を集めているのは、それだけ売れているということですし、売れているということは〝誰にでも好かれる〟アイテムが多くあるということです。だからこそ、本当に〝自分に似合う〟ものと出会うには、質感や形のちょっとした差が大事になってくる。「私だけのユニクロ」を見つけることが、ユニクロとうまく付き合うための第一歩だと思います。

圧倒的な高見え素材を知っておく

「上質感」とは言葉のとおり、質がいい感じ、つまりは素材です。日常に着る服はやはりリアルに使えることが第一なので、実際に高級かよりも〝いい感じ〟が出せれば十分。ただし、ユニクロの服は基本的にシンプルなものが多く、よくも悪くも素材に目がいきやすい。たとえ全体的に質がよくても、慎重に選ぶ必要があります。

実際に高く見える素材として、まず挙げたいのが**「ブロックテック」**。これは**コートなどに使用されていて、パリッとしたハリ感が特徴**。この〝ハリ〟というのがとても大事で、逆に考えるとわかりやすいのですが、シワがつきやすいものや、ペラペラした薄い生地のものは安っぽく見えがち。**薄い素材でも「EZYアンクルパンツ」や「レーヨンブラウス」などはシワになりにくいのでおすすめ**です。

また、**「エクストラファインメリノ」という極細のウール糸を使ったニットも高見えします**。そもそもニットは、編み目が大きいほどカジュアルになるので、高く見せたいときにはハイゲージ（編み目が細かい）が効果的。毛玉や毛羽立ちもチープに見える悪因となるので、毛玉ができにくい加工がされているのもポイントです。

ブロックテック素材

いつもの白T+スキニーに
さっと羽織るだけで
リッチに見せてくれる
ブロックテックのトレンチ。
高見えする素材は、
大きな面積を占める
アウターなどで取り入れると
着こなしの"格"が
ぐっと上がります。

コート：**Uniqlo U**
Tシャツ：Acne Studios
パンツ：MOUSSY
バッグ：Clare V.
リング：Chloé

BASIC COLOR
1 BLACK

最強の色は、大人なベーシックカラー

素材よりもある意味、〝ごまかしの利く〟色。使いやすいベーシック色こそが最も高見えすることもあり、誰でも簡単に「上質感」を演出できるというメリットがあります。

中でもおすすめは、黒、ブラウン、ネイビー。黒とネイビーは冠婚葬祭にも使われるだけあってその品のよさは折り紙つき。ブラウンは厳密にいえばベージュとキャメルですが、これは素材感とのバランスが大事になってきます。

すべてのおしゃれの軸となるからこそ、まずは基本の色を制しましょう。流行色はそれからです。

言うなれば、最もごまかしの利く高級色。
よく「上質なものは深みが違う」、などといいますが、基本的に黒は黒。
よっぽどテカったり、しらっちゃけていない限り、素人目にその差はほとんどわかりません。
手頃なレーヨンをシルクにも見せてくれる魔法の色は、大人の高見えに不可欠です。

すべて：**UNIQLO**

定番かつトレンドでもあり、主役にも脇役にもなりうるブラウン系。ベージュからこげ茶まで
色の幅も実に広いですが、その独特の〝あたたかみ〟がグレーにはない高級感をもたらしてくれます。
選ぶべきはベージュとキャメル。淡いベージュはハリ感、濃いキャメルはソフトな質感で上品に。

BASIC COLOR

2 BROWN

このページすべて：UNIQLO
色幅の広い「ブラウン系」は素材次第

BASIC COLOR

3 NAVY

「ネイビー」は青みを抑えたものを

黒と同様、フォーマルにも使われるネイビー。黒より明るさがあるぶん、後にご紹介する
メンズアイテムやパンツなど、大きい面積で取り入れても重々しく見えないというよさがあります。
ただし選ぶときは、青みが強すぎないものを。明るくなるほど、高見えからは遠のきます。

ディテールや丈は〝あいまい〟を避ける

ここ数年、オーバーサイズが流行っていることもあり、肩が落ちるようなゆるめのトップスやワイドパンツもはくようになりました。が、元来私は**トップスは小さく、パンツは細く、スカートは長く、と白黒ハッキリさせて着たい**タイプ。それが今っぽいかはともかくとして、**〝スタイルよく見せる〟には有効**だと思っています。

そして、スタイルよく見えることは、先ほどの〝高見え〟にもつながります。

話が少し飛躍しますが、たとえばブカブカのスーツに着られているおじさんと、多少お腹が出ていても、体に合ったスーツをすっきり着ているおじさんでは、後者のほうが素敵に見えたりしませんか？　**計算された大きめならよいのですが、中途半端なロング丈や、うっかり開いてしまったネックラインは、だらしなく見える**だけ。だらしなく見えると清潔感や品を失い、女らしさも欠けてしまいます。

何となく流行りに乗るのではなく、トレンドも〝意思を持って〟楽しむ。ほんの数ミリ、数センチの差が大きくおしゃれを変えてしまうシンプルな服だからこそ、自分の体をきれいに見せてくれない〝あいまい〟は、潔く切り捨てるのが肝心です。

ちゃんと 丸首なニット

首のつけ根を
ぐるっと覆ったような
絶妙なフィット感。
ネックラインが
狭ければ狭いほど
品のよさがアップ。

ニット：**UNIQLO**
パンツ：beautiful people
バッグ：ZANCHETTI
靴：Christian Louboutin

ちゃんと ロングなスカート

ミモレ丈より
少し長めのロング丈。
足首の細さが
きわ立つ長さなので、
ヒールがなくても
すらっと見えます。

スカート：**UNIQLO**
カットソー：SAINT JAMES
バッグ：JIL SANDER NAVY
靴：MANOLO BLAHNIK

これだと “あいまい”

Vネックとは違い、
丸首では、鎖骨の下に
ある開きは「無駄」。
フェイスラインが
ゆるんで見える原因に。

これだと “あいまい”

膝下で一番太い
ふくらはぎがあらわに。
膝だけ隠れるぶん
脚はより太く、
O脚に見えがち。

ベストサイズは〝どう着たいか〟次第

自分の体がきれいに見える〝基本の形〟がわかったら、**着たいイメージに合わせてサイズを替えてみる**のも一つの手です。私だったら、ニットのベストサイズはMですが、辛口なデニムを女っぽく着たいときはピタッとするS、パーカをだぼっと着たいときはメンズのM。こんなふうにコーディネートに合わせてサイズを替えると、同じトップスでも雰囲気が変わってよりおしゃれに見えることも。**メンズ、ウィメンズの垣根なく自由に選ぶことができるのも、ユニクロならでは**です。

BEST SIZE
CHOICE

ウィメンズの
Ⓢサイズ

色あせたグレーデニムが男っぽいぶん、
あえて体にフィットするSサイズのニットで
女らしく、きゃしゃな雰囲気を作ります。
裾もインが必須。ゆるいデニムとの対比で
ウエストがより細く見え、スタイルアップに。

ニット：**UNIQLO**
デニム：upper hights
ネックレス：CADEAUX
バッグ：BEAUTY&YOUTH
靴：J&M DAVIDSON

BEST SIZE CHOICE

メンズのMサイズ

BEST SIZE CHOICE

メンズのXSサイズ

“彼のパーカ”みたいなサイズが理想なら、
いっそメンズで買ってしまうのが近道。
小柄な私はメンズのSでも大きめですが、
「だぼっと」見せるには中途半端。
ここは振り切って、Mを選んで今っぽく。

パーカ(メンズ)：**UNIQLO**
Tシャツ：**Uniqlo U**
スカート：**UNIQLO**
バッグ：YAECA
靴：PATRICK

ヘルシーなショーパンを都会ではくなら、
上は着崩しすぎないシャツがいい。とはいえ、
リラックスした雰囲気は壊したくないので
裾はアウトで。ショーパンを覆いすぎず、
ゆるっと着られるメンズのXSが大正解！

シャツ(メンズ)：**UNIQLO**
パンツ：Santa Monica
ストール：ASAUCE MELER
サングラス：MOSCOT
バッグ：Té chichi
靴：3.1 Phillip Lim

身長155cmだけど、ユニクロはメンズ売り場から見ます

小柄な私が「なぜメンズから？」と思われるかもしれませんが、理由はとてもシンプルで今ならでは。**流行りのオーバーサイズが〝手っ取り早く〟見つかる**からです。

オーバーサイズといっても、ただ大きいサイズを探せばいいというものではありません。実際ウィメンズのLを選ぶと、袖や丈の長さはSやMと大差なくても、身幅がぐっと大きくなってしまう。で

メンズのⓈサイズ

ウィメンズのⓂサイズ

シンプルシャツでも、メンズとウィメンズはこんなに違う

〈上〉胸からウエストがゆったりした女性に対し、男性は身幅が細く、ややくびれたデザイン。ニットの中でもモソモソしないので、重ね着にもぴったり。〈下〉丈はそこまで大きく変わりませんが、袖の長さは一目瞭然！甲を覆ってしまうほどメンズのほうが長めです。

シャツ(ウィメンズ)：**UNIQLO**
スーパーノンアイロンスリムフィットシャツ(メンズ)：**UNIQLO**

もメンズのSなら、袖や丈はそもそも長く身幅は細め。女性が着るオーバーサイズは、ゆとりがあっても〝太っては見せたくない〟からこそ、そんな**メンズの小さめが、ベスト**というわけです。

ちなみに私は店舗で買うことがほとんどですが、オンラインショップではXSサイズがあるものも。一枚で着るから大きすぎず、でも裾はアウトしたいから丈はそこそこほしいシャツなど、これというメンズアイテムを狙っているときは、ネットを活用したりします。

メンズで買うのは
ほぼトップス、
ときどきアウター。
今っぽいサイズ感を
狙いにいっていますが、
ウィメンズにはない
いい渋色があるのにも
グッときます。

ニット：**UNIQLO**
パンツ：Mila Owen
バッグ：BEAUTY&YOUTH

メンズ服が一番アレンジしやすい

ニット(メンズ)：**Uniqlo U**
ピアス：JUICY ROCK
スカーフ：manipuri

「ユニクロ ユー」で買ったネイビーのニットは、
メンズのSサイズ。首まわりもウィメンズよりゆとりがあるので、
窮屈で苦手だったタートルが好きになりました。
こんなふうにスカーフを入れたいときにも大活躍してくれます。

シンプルなニットとデニムだけでは味気ないときに、
アクセントになる柄シャツ。ほどほどに見せたほうが
いい感じになるからこそ、長めのメンズ丈が最適。
柄も直球で万人受け、そんな潔さも魅力です。

ニット(メンズ)：**UNIQLO**
シャツ(メンズ)：**UNIQLO**
ストール：Johnstons
デニム：CLANE
バッグ：GORDIE'S

どんなトップスでも手首を出すのがマイルール。
袖口を肘下まで一回ざっくり折り返し、返した部分を
また半分に。それを無造作にやってもおしゃれに
見せてくれるのが、〝袖の長い〟メンズなんです。

ニット(メンズ)：**UNIQLO**
デニム：atespexs
ピアス：chigo
バッグ：FURLA

私がメンズ服を好んで買うのには、もう一つ理由があります。それは女性の服と比べて、いい意味でデザイン性がなく、アレンジがしやすいという点です。

たとえば首まわりは無駄に開いたりせず、袖やウエストは不必要にふんわりしない、すぼまらない。女性の体を考慮したディテールは時にクセとなって使いにくいこともありますが、男性の服にはそういったクセがないので、合わせるアイテムを選びません。そしてうれしいことに、ゆとりは適度にあるので、まくったり、重ねたりと、〝着方〟で工夫もしやすい。

シンプルなものには足せますが、クセのあるものを引くのは難しい。そういう意味でも究極にベーシックなメンズ服は使い勝手がよく、着回せる優秀アイテムなのです。

本当に気に入ったものは、早いうちに複数買い

ユニクロはなんといっても「手頃」。迷わず複数買いができるのも大きな魅力です。大ヒットした商品は、改良されて翌年も登場したりするのですが、それが合うこともあれば、残念ながらその逆も……。好みの問題なので、いい悪いはありません。でも、去年のほうがよかったと後悔しないためにも、**2～3度着て「これは使える！」と思ったものは、早い時期に同じものを買い揃えておく**ことをおすすめします。

私がよくしていた失敗は、「せっかく買うなら、今回はちょっと違うものを」と、わざわざ色違いやサイズ違いを買ってしまうこと。色があせるほど着倒したネイビーのTシャツを買い替えに行き、「あれだけネイビーを着たから、黒だって使えるはず」と、黒に替えてしまう。でも持っているパンツがブラウンで、ネイビー×ブラウンの組み合わせが気に入っていたとしたら、結局、黒はいつまでたってもしっくりこない。そうやってタンスの肥やしになることもしょっちゅうでした。

色違いやサイズ違いは「別物」です。もう一枚ほしいと思えるほど気に入ったものに出会えたのなら、次もまったく同じものをもう一枚買うべきでしょう。

2017年のデビュー当時は
洗いざらしのような風合い、
2018年からはつるんとした素材へと
一新した「ユニクロ ユー」のTシャツ。
素材がきれいめに進化したので、
着こなしの幅が広がりました。

| すべて：**Uniqlo U**

「似合わないユニクロ」は買わない勇気を

どんなにユニクロが好きでも、この春まで一度も買わなかったものが2つあります。それは「スカート」と「デニム」。撮影でモデルさんが着ているのを見たり、実際に手に取ってみると、すごくいい。でも私がはくと、スカートは丈が中途半端だったり、デニムは脚のつけ根にたるみができたりして、キマらない。サイズを替えて試着しても、商品を替えても、似合わないことが多かったのです。

これまでにも書いたように、「自分の体がきれいに見える形」を選ぶことは、おしゃれのうえで妥協できないところ。とはいえ、これだけアイテム数のあるユニクロだとしても、**体型は皆、違いますし、合う合わないがあるのは当たり前**です。

食わず嫌いはよくないですが、時間もお金も潤沢にあるわけではありません。どんなに流行っていてもピンとこなければ、手を出さないのが賢い選択です。

無駄買いしないためのショッピングのヒント

Hint 01

サイズはもちろん、色も重要。着慣れたアイテムでも試着を

サイズが合っているかを
チェックするのは基本中の基本、
でも、「色」もとても大事です。
色はたいてい、鏡の前で
ささっと確認して済ませがちですが、
クルーネックはベージュが似合っていたのに、
Vネックはネイビーのほうが全然よかった！
と、着てみないとわからないことも
たくさんあります。
「色違い」を買いに行ったときこそ、
試着は必須です。

Hint 02

理想は〝縦長〟より〝横広〟。「選びやすい」店で買いましょう

店が大きくなるほど、フロアが分かれてしまうのは
やむを得ないことですが、
できるだけメンズもウィメンズも
一つのフロアにある〝横広〟の店舗がおすすめです。
私は面倒くさがりなので、フロアが分かれていると
見ない階があったり、上の階のほうがいいものがあっても
戻らなかったりして、不要なものを買ったり、
逆にいいものを逃してしまうこともしょっちゅうでした。
ユニクロは店によってラインナップも全然違います。
小さな店に意外な掘り出し物が集まっていたりもするので、
見やすい、買いやすい、好みのものが多い……など
自分に合った店舗を見つけるのもポイントです。

Hint 03

買い物に行く前には、必ずクローゼットの確認を！

当たり前のことですが、無駄買いを減らすためには、
自分が持っている服を把握することが先決。
詳しくは後でお伝えしますが、私はクローゼットを
アイテムではなく色によって分けたことで、
服を把握しやすくなり、劇的に無駄買いが減りました。
白シャツが必要、など「買わないといけないもの」を
決めると買い物の楽しみが減ってしまうので、
「持っているもの」だけわかればOK！
〝ほとんど同じもの〟につぎ込むお金は、
自分を変えてくれる新しい一着に回しましょう。

私がよく行くのは
五反田のTOC店。
一つのフロアに
すべてが揃うので、
買い物も効率的！

ブラトップだけじゃない！　サブアイテムも実力派

雑誌ではよく、夏には暑さ対策、冬には寒さ対策の企画があり、読者の方にアンケートを取ることが多いのですが、必ずと言っていいほど愛用品として名前が挙がるのが「ヒートテック」と「エアリズム」。言わずと知れた機能派インナーですが、これはもう日本の夏と冬を変えたと言ってもいいくらいの名品中の名品！　私もヒートテックなしでは冬が越せないくらい、この冬も欠かさず愛用していました。

ちなみに私の場合、**ヒートテックはメンズのXSをオンラインで買います**。肌にぴたっと密着するウィメンズのトップスは脇汗の心配などがありますが、メンズはゆとりがあるのでその心配がない。それでいて袖は絞られているので、腕をまくっても肘下でぴたっと留まり、ズリ落ちなくてとても着やすいのです。また、これは読者の方に教えていただいたのですが、**あえてヒートテックの中に涼しいエアリズムを着ることで、暑くなりすぎず汗をかきにくいという裏ワザもあります**。

インナーの他にもバッグや帽子、レッグアイテムやルームウェアなど、ユニクロは服以外のサブアイテムも実に優秀。自分なりのアレンジをするのも楽しいですし、宝探しするような感覚で、ぜひ隠れた名品を見つけてみてください。

ユニクロの帽子は いつもいい

「ユニクロ×イネス・ド・ラ・フレサンジュ」
のハット。グレーは内側にひもがついていて、
大きさが調節できるというすぐれモノ。

ヒートテックを 快適に着るためのエアリズム

暖かいヒートテックと涼しいエアリズムを
セットで着ることで〝適温〟をキープ。
厚手のニットを着るときに、よくしています。

リアルなパジャマを 「パジャマパンツ」風に

細ストライプ柄のパンツは、もともとはパジャマ。
裾のあしらいを切ったら部屋着感が薄れ、
左のように外にも着られる「パジャマ風」に。

おしゃれ小物にも 掘り出し物が

「ユニクロ ユー」でひと目惚れしたスイムウェア。
上下の色をそろえても、変えても可愛いので
夏旅には色の違うショーツを２枚持っていきます。

COLUMN 01

好きな日付を入れられる！
「まいにちスヌーピー」をギフトに、部屋着に

ユニクロのオンラインショップでは、好きな日付を入力するだけで、
その日付の昔の新聞に掲載されていた「PEANUTS」のコミックをプリントした
アイテムが作れる、「まいにちスヌーピー」というサービスがあります。
Tシャツは大人だけでなくキッズ用も、メンズのスウェット類もあったりして、
家の中ではもうスヌーピー三昧（笑）。ギフトにもぴったりで、
たとえば子どもが生まれた友人には、出産日の入ったトートバッグを。
中におむつをたっぷり入れて贈ったら、とっても喜ばれました。

CHAPTER

02;

UNIQLO
MIX
STYLE

私のワードローブに
なくてはならない
偏愛ユニクロ名品10

人とのかぶりが気になるユニクロこそ、〝どこのものかわからない〟超ベーシックを選ぶ

ユニクロを着ない、あるいは着たことがないという友人になぜ？　と聞くと、ほぼ全員が「誰かとかぶるのがイヤだから」と答えます。これだけメジャーなのだから当然、かぶる率が高い。だったら最初から着ないのはごもっともです。あらためて〝かぶる〟とは？　と考えてみると、それはユニクロの中でも特徴のあるものを選んで着るということ。個性的な柄ものや、面積の大きいワンピース、デザイン性のあるトップス……要は、〝気づかれてしまう〟アイテムを選ぶことが一番の原因です。

いまは昔ほど突飛な服はないですし、タグを見なければどこのとわからないようなベーシックな服であふれています。でもだからこそ、さまざまなブランドが自分たちの服を買ってもらおうと、色や素材やディテールに〝ちょっとだけ〟工夫を凝らして売っています。が、その〝ちょっとだけ〟が邪魔になる。矛盾するようですが、ベーシックな服であふれていながらも、本当にシンプル

で使いやすい服というのは、実はとても少ないのです。形、色、素材、デザイン、クセが強ければ強いほど、万人受けから離れます。ユニクロは店の数も多いし、それだけ売れるものを作らなければいけない。でも他と明らかに違うのは、〝ちょっとだけ〟の主張がない、誰にでも似合うどシンプルなもののほうが多くの人から支持され、売れるということです。

つまり、ユニクロで何を買うべきか迷ったら、そして人とかぶりたくなければないほど、「売れているもの」を選ぶべきです。実際には、かぶっているのかもしれません。でもシンプルなものならば同じかどうか確証を得ることもできません(笑)。クセが少ない、何にでも合う、いい意味で無難なアイテムをうまく使えば、コーディネートの幅がぐっと広がりますし、一見しただけでは「あの人と一緒」がわかりづらくなる。着方の数が増えておしゃれに自信が持てれば、人とのかぶりも気にならなくなるのではないでしょうか。

次ページからご紹介する10のユニクロ名品は、私が買ってよかったものを厳選しました。「売れている」がゆえに、もうないものもあるかもしれません。でも選びの基準はヒントになると思いますので、ぜひ参考になさってください。

偏愛ユニクロ名品

1

着回しできすぎる「ハイゲージのクルーネックニット」

UNIQLO BEST ITEM

「エクストラファインメリノ」のニットは、夏以外、一年中着ている薄手のニット。一枚でよし、重ねてもよし。色のバリエーションが多く、究極にシンプルで合わせるボトムを選ばない……と魅力は数あれど、一番はなんといってもその高級感。編み目が細かく、しっとりとした肌触り。**高級なニットブランドから出ているハイゲージのニットと比べても遜色がないほど、〝高見え〟する名品**です。

どう着たってうまくいくアイテムですが、これ一枚で十分上品に見えるので、色あせたデニムやスニーカーなど**カジュアルなアイテムを大人っぽく着たいときにはとくに重宝**します。私は今年、流行りのパープル、大好きなマスタード、万能に使えるダークグレーと白を購入しましたが、ベーシックカラーとトレンドカラーの2枚は押さえておくと、着回しが利いて便利だと思います。

また大人はどうしても胸元が痩せてくるので、Vネックよりもクルーネックのほうが健康的に見えておすすめ。無駄な開きがなく、首まわりがきちんとフィット。短いネックレスもニットに載ってきれいに映えるので、いっそう品よく見えますよ。

極細のメリノウールを使っているので
一般的なウールのニットのような
チクチク感がなく、ノンストレス。
ネットに入れれば洗濯機でも洗えて、
肌にもお財布にもやさしいです(笑)。

さらっと着てもサマになる
トレンドのパープル。
色の持つ高級感や今っぽさを
しっかりと生かせるように、
ボトムやアクセは
極力シンプルに徹します。

ニット：**UNIQLO**
Tシャツ：SLOANE
デニム：upper hights
ピアス：JUICY ROCK
サングラス：no eyedia
バッグ：Clare V.

UNIQLO
BEST ITEM

1

シンプルなボトムとは着尽くしたので、最近は
クセのある服と合わせることが多いグレー。
甘いスカートも辛いレザージャケットも
ほどよく上品に、大人っぽくまとめてくれるので、
旬のアイテムに挑戦したいときは欠かせません。

ニット：**UNIQLO**
ジャケット：beautiful people
スカート：ATON
バッグ：patagonia
靴：PATRICK

すでにパープル、グレー、白と持っていたのに
思わず買い足してしまったマスタードは、
私にとって「気分が上がる」色の一つ。
友人と会う日やハードな仕事を乗り切りたい日、
寝坊して一瞬で服を決めたい朝にも！

ニット：**UNIQLO**
パンツ：beautiful people
ハット：SENSI STUDIO
バッグ：ZANCHETTI
靴：OLD NAVY

偏愛
ユニクロ
名品

2

〝小柄〟も〝ズボラ〟も救う「ウエストゴムのテーパードパンツ」

UNIQLO
BEST ITEM

この半年で６本も買い足してしまった**「EZYアンクルパンツ」**は、腰まわりにゆとりがあり、裾にかけてゆるやかに細くなっていくテーパード型。そんな**誰でも美脚になれるシルエットもさることながら、ウエストがゴム、というのも大人買いしてしまった大きな理由**です。ウエストゴム＝楽、ということにフィーチャーされがちですが、実は〝お腹ではける〟ことがすばらしい！　お腹ではけるとウエスト位置が上がり、脚が長く見えます。インしても中に入れたトップスがあふれにくいので、今どきの着こなしを楽しむうえでも、味方になってくれるディテールです。

そしてもう一つ惹かれたのは、その名にもある、**〝切らなくていい〟アンクル丈**。身長１５５㎝の私にとって最近のパンツはどれも長く、お直しが必須。裾にデザインのあるパンツなどはもってのほかですが、これは私がはいてちょうど足首が見えるか見えないかくらいの長さ。徐々に細くなるテーパードは、丈を切るとアンバランスに見えたりしますが、その心配もなく、買ったその日から楽しめる。パンプス、ぺたんこ、スニーカーと、合わせる靴を選ばないのもうれしい限りです。

好きすぎて……
色違いで8本持ってます

意外と出番が多いのは、淡い色や柄。
気温差の激しい梅雨明けまでは
羽織りや重ね着で上半身が重たくなるので、
明るい色や柄のパンツが
ちょうどいい抜け感を演出してくれます。

濃いキャメルと淡いピンク。
お菓子の「アポロ」にも似た
ビター×スイートな配色は、
大好きなカラーリング。
やわらかな色同士でも
ボンヤリ見えないように、
白を効かせてメリハリを。

パンツ：**UNIQLO**
ニット(メンズ)：**UNIQLO**
Tシャツ：Hanes
ピアス：chigo
ストール：Johnstons
バッグ：JIL SANDER NAVY
靴：Christian Louboutin

UNIQLO
BEST ITEM

2

制服やスーツのようなお堅さが出ないように
ネイビーパンツはよく、柄を選びます。
線の細いウィンドーペーン柄なら
マス目が大きくても主張しすぎず、品がいい。
上はあえてグリーンで明るい雰囲気に。

パンツ：**UNIQLO**
コート：beautiful people
カーディガン：Deuxième Classe
ピアス：JUICY ROCK
バッグ：J&M DAVIDSON
靴：THE SHINZONE

万能であるがゆえに、種類も多いグレー。
アンクルパンツでもいくつか濃淡がありますが、
私が使いやすいのはライトグレー。
淡い色になじみやすく、それでいて引き締まる。
やわらかい色が増える春先はとくに使えます。

パンツ：**UNIQLO**
ブルゾン：**UNIQLO**
トップス：Deuxième Classe
ピアス：chigo
バッグ：YAHKI
スカーフ：manipuri
靴：CONVERSE

3

高見え感も大人っぽさも申し分なし「夏のリネンシャツ」

いかに毎日をストレスなく暮らすか、が目標の私（笑）。その毎日をともにする服は、見た目以上に着心地にもこだわりたいと思っています。堅苦しいシャツはどうにも苦手ですが、リネンだけは別。**風通しがよく、汗をかいてもすぐに乾く。家でジャブジャブ洗えて、日よけにもエアコン対策にもなる**、といいことずくめの**「プレミアムリネンシャツ」**は、毎夏ヘビロテしているアイテムの一つです。

ショートパンツやスウェットパンツに合わせ、リラックスした雰囲気で着ることが多いので、**ベージュやグレー系など上質感のある色を選ぶのがマイルール**。中でも、この右のシャツが優秀なのは「ボタンまで同じ色」という点。シャツのボタンの多くは白やオフホワイトです。生地が明るめのベージュならそんなに気にならないですが、グレーや黒など暗い色であればあるほど、白いボタンは悪目立ちしてしまい、引いては安っぽさにつながってしまうことも。小さなことですが、これは〝高見え〟を分ける重要なポイント。シャツを選ぶときはぜひ、気にしてみてください。

くたっとした風合いを楽しむ
リネンシャツはアイロンがけが不要。
そのまま着られる手軽さは、
ズボラな私にとって
最大のポイントでもあります。

リネンの軽やかさを生かし、
ショートパンツでヘルシーに。
ただし、さわやかすぎると
少年のようになってしまうので、
リッチ感のある配色や
上質なバッグをプラスして、
女っぽく仕上げます。

リネンシャツ：**UNIQLO**
パンツ：Santa Monica
ハット：qcillo & c
バッグ：CHANEL

UNIQLO
BEST ITEM
3

右ページのショーパンとは打って変わり、
タイトスカートなら女らしさが格段にアップ。
着方によってはほっこり見える淡いベージュは
レザーやスエード、アースカラー合わせといった
高級感をもたらす工夫が欠かせません。

リネンシャツ：**UNIQLO**
スカート：little Suzie
サングラス：GU
バングル：Deuxième Classe
バッグ：ZANCHETTI
靴：JIMMY CHOO

汗ジミ問題などもあって、春夏はどうしても
グレー系のトップスを避けがちですが、
風通しがよく乾きやすいリネンシャツなら安心。
スウェットのようにカジュアルなパンツのときほど
色っぽさがほしくなるので、基本は一枚で。

リネンシャツ：**UNIQLO**
パンツ：**UNIQLO**
ジャケット：ebure
バッグ：FURLA
靴：CHEMBUR

偏愛
ユニクロ
名品

4

丈そのままではけるのがうれしい「切りっぱなしデニム」

UNIQLO
BEST ITEM

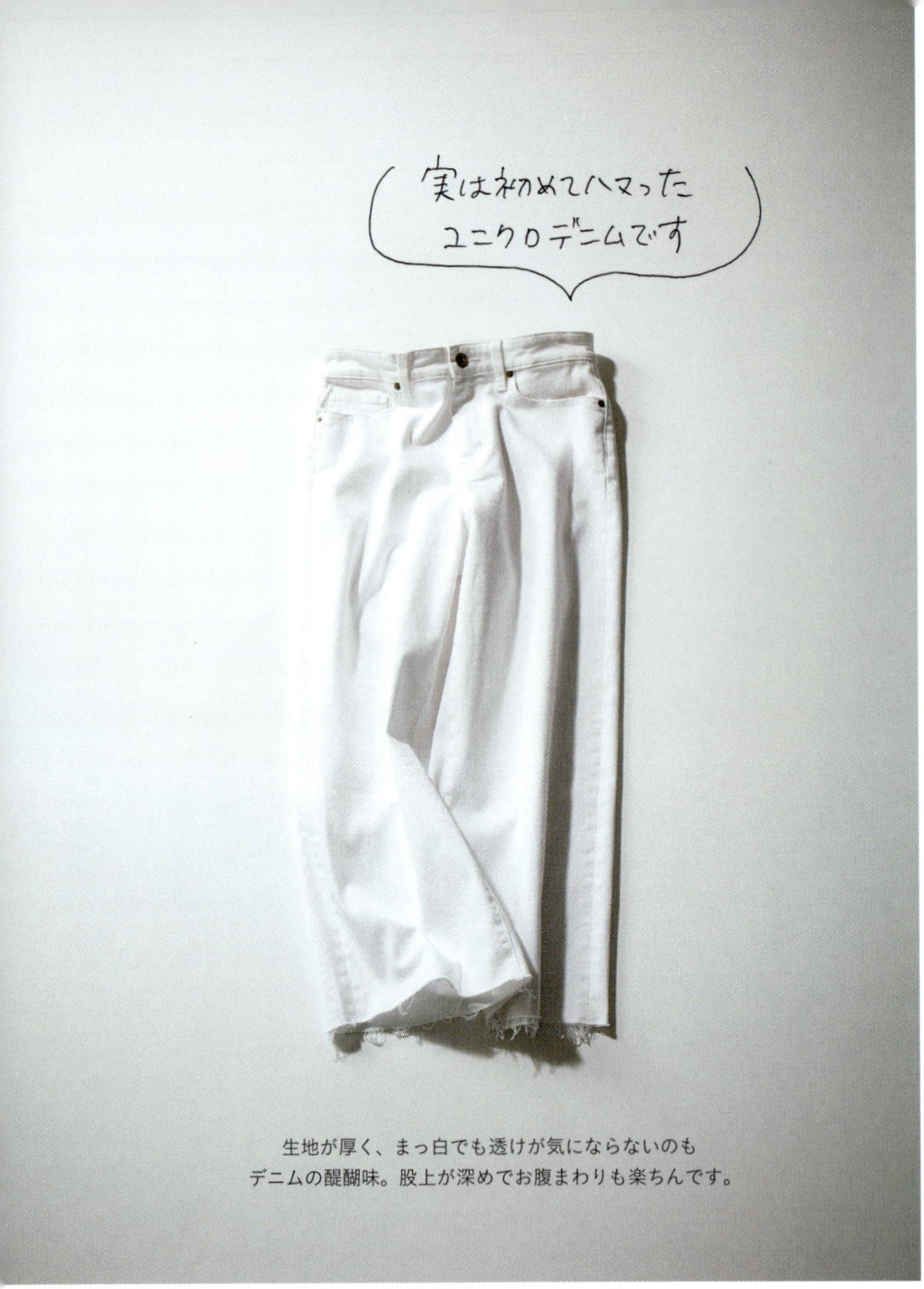

生地が厚く、まっ白でも透けが気にならないのも
デニムの醍醐味。股上が深めでお腹まわりも楽ちんです。

迫力が出すぎる気がして、日常には使いにくかった**白のワイドパンツも、カジュアルなデニムならハードルも低め**。ユニクロデニムは初心者だった私も思わずハマったのが、この**「ハイライズワイドクロップドジーンズ」**です。

　本来はクロップド丈のデニムとして発売されているようですが、私がはくと適度なフルレングスでお直しいらず。切りっぱなしのように裾にデザインのあるデニムはたいがいあきらめていましたが、切らずにはけるうれしさで思わず即買いしてしまいました。

　手頃だからこそ、〝まっ白〟にトライしやすいのもいいですね。

UNIQLO
BEST ITEM

4

ブルーのデニム×ネイビーのボーダーは定番。
でもデニムを白に、ボーダーをベージュに
色を替えただけで、驚くほど上品になりました。
靴はやっぱり派手色を効かせたくなりますが、
よくある赤やシルバーではなく、黄色が私流。

デニム：**UNIQLO**
カーディガン：**UNIQLO**
カットソー：SAINT JAMES
バッグ：Té chichi
靴：J&M DAVIDSON

ユニクロのデニムは初めてなので、
まずは着慣れたTシャツを合わせるのが安心。
いつもよりは甘いピンクと白の配色、
モヘアのストールやキルティングのバッグなど
質感のある小物を足して、脱・地味に。

デニム：**UNIQLO**
Tシャツ：**Uniqlo U**
ストール：baby mo
バッグ：CHANEL
靴：SPELTA

首元までボタンで留められるのは、やっぱり便利！
それでいて蒸れにくいので、重ね着する日も快適です。

偏愛
ユニクロ
名品

5

「0」一つ間違ってる!?
「上質なカジュアルコート」

UNIQLO
BEST ITEM

前のボタンを閉めても開きっぱなしのVゾーンが寒いし、どう処理していいかわからないベルトもストレス。正直、トレンチは苦手。だけど、やっぱり春はベージュのコートが着たい……という願いを叶えてくれたのが**「ブロックテックステンカラーコート」**。

ユニクロならではの「ブロックテック」は、そもそも**雨や風を防いでくれる機能的な素材**。その**独特なハリ感が高見えにひと役買ってくれる**ので、まさに見てよし、着てよしのすぐれモノです。

ベルトがなく、フードは取り外し可能。厚手のパーカにもモソモソせずに重ねられて、快適です。

UNIQLO
BEST ITEM

5

ふだんはあまりはかないローファーも、
このコートのときはたびたび登場。どちらも
トラッドな雰囲気があり、相性バッチリです。
メンズライクに転びすぎないよう
中はやさしい白のワントーンでまろやかに。

ブロックテックコート：**UNIQLO**
ニット(メンズ)：**UNIQLO**
Tシャツ：Acne Studios
パンツ：martinique
バッグ：BEAUTY&YOUTH
靴：MICHEL VIVIEN

今はトップスもフードつきが多いので、
フードが外せる2WAYはありがたい限り。
色も素材的にもトレンチに近いので、
デニムやコンバース、赤といった
〝トレンチに合う〟ものなら間違いなし！

ブロックテックコート：**UNIQLO**
ニット：**UNIQLO**
フードつきシャツ：Aliquam
デニム：CLANE
バッグ：J&M DAVIDSON
靴：CONVERSE

大人のパーカは品が命。横から見たときにフードがしっかり立つ厚手の素材がベスト。ひもやひも穴も極力シンプルなものを。

偏愛ユニクロ名品

6

オーバーサイズがそつなくキマる「メンズのスウェットパーカ」

UNIQLO BEST ITEM

昨年大きめのパーカが流行ると聞いて、まっ先に買った**メンズの「スウェットプルパーカ」**。もう何度も言っていることですが、**メンズはウィメンズと比べて袖や丈が長めで、身幅が細め。**女性が着るには少々大きくてもだらしなく見えないので、**ほどよくきれいめなオーバーサイズが手に入ります。**

　スウェットというとグレーが定番ですが、どうしても部屋着っぽさが出ますし、大きめサイズならなおのこと。黒は重々しくなりすぎるので、ここは品があって着回しもしやすいネイビー一択で！

UNIQLO
BEST ITEM

6

ハズし方はいろいろ。こんなふうに甘いものを
クールに仕上げたいときにも有効です。
少女のようなスカートと少年のようなパーカ、
真逆のテイストを楽しむ場合は、小物も
「可愛い」と「かっこいい」をバランスよく。

スウェットパーカ(メンズ)：**UNIQLO**
Tシャツ：Hanes
スカート：charrita
ストール：Johnstons
バッグ：Té chichi
靴：PATRICK

ついデニムに合わせたくなるパーカですが、
大人にはカジュアルすぎる組み合わせ。
とくに今、トレンドのメンズサイズは
〝ハズし〟として使ってこそ意味があるので、
きれいめなシャツ＋パンツに投入します。

スウェットパーカ(メンズ)：**UNIQLO**
シャツ(メンズ)：**UNIQLO**
パンツ：STUNNING LURE
バッグ：patagonia
靴：JIMMY CHOO

ジップではなく、前ボタンで開閉するデザイン。シャツと同様、〝ボタンまで同じ色〟はお高く見える優秀ディテールです。

偏愛
ユニクロ
名品

7

〝ちゃんとロング〟な丈がいい！「サーキュラースカート」

UNIQLO
BEST ITEM

この春、ユニクロのスカートに大異変が起きました。それは**丈が長くなってはきやすくなった**こと。この**「フロントボタンサーキュラースカート」**は最たる例で、なかなか合う丈が見つからなかった私もついに、ユニクロでスカートデビューすることになりました。

　女性らしいラベンダーピンクは、春先に出番が増える色。Tシャツなどに合わせてガンガン着倒したいアイテムなので、**洗えてシワになりにくいという素材も決め手**。梅雨などはとくに雨や泥ハネで汚れやすいので、春夏のスカートはやっぱり洗えるものが一番です。

きれいめなスカートは
ちょっと気恥ずかしいので
あえてTシャツ、くらいの
ラフさがちょうどいい。
手抜きに見えないように
パールやかごバッグで
ひと盛りするのも忘れずに。

スカート：**UNIQLO**
Tシャツ：Acne Studios
ネックレス：CADEAUX
バッグ：12closet
靴：JIMMY CHOO

ボタンの間隔が開きすぎていないのも上品。
一枚で着ても、横から下着がのぞく心配がありません。

偏愛
ユニクロ
名品

8

〝なんか物足りない〟ときにも使える
「薄手カーディガン」

UNIQLO
BEST ITEM

前を開けてフツーに着ると無難すぎるし、袖を通さず肩にかけるとずるんと落ちてイラッとする（笑）。はおりの定番、カーディガンですが、おしゃれに着るにはかなりの強敵。結論からいうと、ボタンを全部留めてニット感覚で着るか、ストールのように差し色に徹するか、2通りが正解です。

そのどちらにも効くのが、この**「エクストラファインメリノ」**のカーディガン。**一枚で着ても上品なハイゲージ、肩に巻いても落ちにくい薄手素材、ベーシック色からきれい色まで揃う**ので、主役にも脇役にもなって大活躍します。

UNIQLO
BEST ITEM

8

シンプルTとデニムにカーデをひと巻き。
これはもう何色でも合うので説明不要ですが、
カーデは無造作に巻き、結び目を中心より
少しずらしたほうがこなれて見えます。
大人の白Tはとろみやハリのあるきれいめを。

カーディガン：**UNIQLO**
Tシャツ：JIL SANDER
デニム：THE SHINZONE
バングル：YAECA
バッグ：BEAUTY&YOUTH
靴：NEBULONI E.

ボタンを留めて素肌に一枚で着る着方は、
大好きなスタイリスト、池田メグミさんから伝授。
簡単にできて、でも普通のVニットとは
まったく違う新鮮みもシャレ感も出るので、
マンネリを感じている方はぜひお試しを！

カーディガン：**UNIQLO**
パンツ：DRESSTERIOR
ピアス：JUICY ROCK
サングラス：OLIVER PEOPLES
バッグ：Clare V.
靴：SUICOKE × L'Appartement

偏愛
ユニクロ
名品

9

シャツ嫌いも思わずハマる「メンズのデニムシャツ」

UNIQLO
BEST ITEM

グレーや濃いブルーもありますが、ライトブルーがベスト。
ダメージがないので、きれいめな服にもよく合います。

きちんとは見せたいけれど、「今日どうしたの?」と言われるほどのがんばった感じはイヤ。**白シャツほど堅苦しくなく、それでいて清潔感のあるブルーのシャツ**は、一枚あるとかなり重宝します。

メンズで見つけたこの「**デニムシャツ**」は、袖が長めでまくりやすい。ボタンダウンタイプで衿もきちんと立つので重ね着にもぴったりです。長めの丈が気になるならインしてしまえばOKですが、お尻がすっぽり隠れるのでレギンスや細身のパンツにさらっと羽織りたいときにも便利ですよ。

UNIQLO
BEST ITEM

9

ベージュやグレーでするより断然、新鮮。
簡単でリッチに見えるワントーンスタイルを
ブルーで挑戦してみると、とても素敵に。
細身のチェスターコートや高めのヒールで
さらに洗練された雰囲気をめざします。

シャツ(メンズ)：**UNIQLO**
コート：HELMUT LANG
デニム：STUNNING LURE
スカーフ：HERMÈS
バッグ：ZANCHETTI
靴：JIMMY CHOO

シャツ+プリーツスカートは王道ですが、
私にはコンサバな感じがして、ちょっと苦手。
でもシャツを、やわらかくてメンズライクな
ブルーのボタンダウンタイプにしたら、
かしこまった感じがなく、着やすくなりました。

シャツ(メンズ)：**UNIQLO**
ニット(メンズ)：**UNIQLO**
スカート：earth music & ecology
バッグ：JIL SANDER NAVY
靴：J&M DAVIDSON

偏愛ユニクロ名品

10

撮影帰りに店に駆け込んだ「ツイード風ニットコート」

UNIQLO BEST ITEM

右のグレーは2017年、左のブラウンは2018年に買い足したもの。
ブラウンはボタン付きで、閉めて着るとちょっとエレガント。

薄手だとまとわりついて動きにくかったり、厚手だとアウターが着れなかったり。ロングカーデ＝使いにくいという印象を一新してくれたのが、**「ツイードニットコート」**。**ふんわりと、でも決して厚すぎない厚み**は、撮影でひと目見て「これは完売してしまう！」と慌てて買いに行ったほど、絶妙。

衿がないので、巻き物や衿のあるトップスに合わせやすいのも着回しアイテムとしては太鼓判。ツイードのようなミックスカラーも高見え。中がシンプルでもサマになるところも申し分なしです。

UNIQLO
BEST ITEM

10

右とは逆に、Vカラーですっきりしたグレーは
フェミニンな服を大人っぽく着たい日に。
手持ち服の中では〝かなり甘い〟ほうに入る
モヘアワンピのときは、たいがいセットで。
丈もちゃんとあるのでミニも気になりません。

ニットコート：**UNIQLO**
ハット：**UNIQLO**
ニットワンピース：steven alan
バッグ：CHANEL
靴：CLANE

丸首でやさしい印象のブラウンは、
デニムやスニーカーといったカジュアルを
可愛く見せたいときによく使います。
もともとブラウンはブルー系と相性がいいので、
デニムやネイビーに合わせやすいのも魅力です。

ニットコート：**UNIQLO**
パンツ：**UNIQLO**
ジージャン：GAP
Tシャツ：Hanes
バッグ：FILL THE BILL
靴：MHL. x CONVERSE

COLUMN 02

極寒のロケで大活躍！
ユニクロダウンも名品です

冬のユニクロといえば、「ウルトラライトダウン」がおなじみですが、
私はメンズの「ノンキルトダウンジャケット」も大好き。ロケは移動が多く、
脱ぎ着も多いので、さっと羽織れて動きやすいことが一番。時には、
そのまま地べたや階段に座ったりすることもあるので、暖かくても
高価なコートより、多少は手荒く扱える手頃なコートのほうが助かります。
スマホや財布などこまごましたものを入れやすい大きなポケットは、
中がフリース素材。手袋やカイロがいらないほど暖かいのも、ロケ向きです。

CHAPTER

03;

UNIQLO
MIX
STYLE

まじっ？

安っ！とよく言われる、

私のズルい高見えルール

大人のユニクロコーデには「ひと手間」が必要です

「高く見せる」ということは実はそんなに難しくなくて、究極をいえば、その服に〝箔《ハク》〟をつけてくれる小物さえあれば、それなりに見えます。でも大人になった今、そういう小物はかなりの投資をしたものでないと箔とはいえない。また、ハツラツとした感じやあどけなさのある若い世代が身につけるぶんには、見ていて可愛らしい〝盛り〟や〝背伸び〟になるけれど、私たちには迫力が出すぎて、かえって老けてしまうことがあります。「ユニクロは難しい」と思っている大人の方にあらためてお伝えしたいのは、ユニクロが難しいのは「安い服だから」ではなく、「シンプルな服だから」ということ。大人がシンプルなものを華やかに、かつ怖くならずに着るのはとても難しいことです。

では、そのシンプルなユニクロを大人が着るにはどうしたらいいか。それは、何においても「ひと手間」かけることです。今ある服にもう一枚重ねる、色を工夫する、小物で今っぽさや女っぽさを加える、ヘアやメイクにこだわるなど、やり方はさまざま。でも共通するのは、「1＋1で終わらせない」ということ。

私自身も20歳のときより、40歳の今のほうが、〝工夫して〟着ている気がします。ニットとパンツ、20代だったらそこにブランドのバッグを合わせていましたが、今はかごやファーのお茶目なバッグ。以前はよく着ていた黒が減り、歳を重ねるにつれて、きれいな色ややわらかい色が増えてきました。それはどれも今、シンプルなユニクロを素敵に、楽しく着るための私なりのルールです。

大人の〝全身ユニクロ〟はハードルが高いです。繰り返し言いますが、それは安いからではなく、シンプルなものだから。徐々に高いものがサマになってくる30〜40代。高価なものに頼ったほうが楽だけど、それだけでは迫力が出すぎたり、老けて見える、なんとも難しいお年頃。だからこそ必要なのは、ちょっとしたアイディアとテクニックです。

ファッション誌で仕事をする中で、同世代のおしゃれのプロや、ユニクロを楽しんで着ている読者の方々から、多くのヒントをいただきました。私のユニクロコーデは、すべてその〝いいとこ取り〟。そんなヒントの数々を、この章でご紹介したいと思います。

「ユニクロは3枚重ねるとおしゃれ」の法則

仕事柄、多くのスタイリストさんとお仕事をさせていただいていますが、「素敵だな」「着てみたいな」と思うコーディネートには共通点があります。それは**どこか〝ひと手間〟かかっているということ。とくに「上半身」です**。

たとえば左のコーディネート、衿と裾の白い部分を隠してみるとその差は歴然！　カーキのコートとパープルのニット、グレーのデニム――組み合わせとしてはアリですが、どれも色が暗くてそれだけでは野暮ったい印象。でもたった数センチ、白Tがのぞくだけで、抜け感が出てさわやか。コーディネートにメリハリが生まれるだけでなく、顔まわりもスッキリと見えてきます。

それくらいほんのちょっと手間を加えるだけで、見え方は変わるもの。新しい服を買わなくても〝着方〟を変えるだけで、おしゃれの印象は変えられるのです。

これはベーシックやシンプルなコーデのときこそ、不可欠なこと。**なんか今日、さびしいな、物足りないなと思ったら、いつものトップス＋アウターに「一枚」足してみる**。2枚から3枚になるだけで、格段にこなれ感が変わってくるはずです。

選ぶ服や組み合わせによって、
“3枚”の相性の善し悪しがあるので、
必ずしもすべてユニクロの服を
重ねなければいけない、というわけでは
ありません。たとえばこのTシャツ、
ニットから見える“適量”を考えたら
Acne Studiosに落ち着きました。

ブロックテックコート(メンズ)：**UNIQLO**
ニット：**UNIQLO**
Tシャツ：Acne Studios
デニム：upper hights
ピアス：JUICY ROCK
バッグ：FURLA

こなれて見せるなら、
完成しているコーデに「もう一枚！」

ルールはいたってシンプル。着たいトップスとアウターを選んだら、「もう一枚」足すだけです。左のコーディネートでいえば、ベージュのコートとネイビーのニットだけでも、コーディネートは成り立ちます。でも中に一枚ブルーのシャツが入るだけで、首元はキリッと引き締まり、袖口はちょっと華やかに、また裾には奥行きが出て、**ネイビーのニット×デニムという単調な色の組み合わせにメリハリが生まれます**。上半身にボリュームを持たせれば、そのぶん下半身がほっそりと見え、スタイルアップにもつながります。

74ページのロングコートとメンズパーカなど、地味色かつボリュームのあるアイテムを組み合わせるときは、白Tで抜け感を。75ページのように黒がベースのきれいめな着こなしなら、ジージャンを重ねてカジュアルな雰囲気を出すのもいいでしょう。

「もう一枚」に迷ったら、まずは今のコーデに足りないものは？と、考えてみてください。清潔感や軽やかさなら白、きちんと感ならシャツ、カジュアルさならデニムなど、ちょっとだけ欲しいものを「もう一枚」で補うというイメージを持てば、簡単です。

コート：**UNIQLO**
ニット(メンズ)：**UNIQLO**
シャツ(メンズ)：**UNIQLO**
デニム：CLANE
バッグ：AMERICAN WAVE
靴：PATRICK

ITEM **1**

カジュアルコート

＋

ITEM **2**

クルーネックニット

＋

ITEM **3**

ブルーシャツ

フードのついたコートにニット一枚だと
子どもっぽくなりがちなので、
きちんと感が出るシャツを投入。
白より青、素材もやわらかいもののほうが
堅苦しく見えず、おすすめです。

ITEM

1

ロングコート

+

ITEM

2

スウェットパーカ

+

ITEM

3

白Tシャツ

スウェットパーカ(メンズ):

UNIQLO

Tシャツ:**Uniqlo U**

コート:THE SHINZONE

ストール:MANTAS EZCARAY

デニム:MOUSSY

バッグ:YAECA

靴:PATRICK

オーバーサイズのパーカとロングコート。
この「ゆる×ゆる」が今っぽいけど
小柄な私にとっては、難しい組み合わせ。
パキッとした白Tでメリハリを作ることで
〝着られている感〟をセーブします。

ニットコート：**UNIQLO**
ニット(メンズ)：**UNIQLO**
パンツ：**UNIQLO**
ジージャン：GAP
ストール：Johnstons
バッグ：ZANCHETTI
靴：JIMMY CHOO

ITEM
1

ニットコート

+

ITEM
2

タートルニット

+

ITEM
3

ジージャン

黒多めできれいめに仕上げた着こなしも、
ジージャンがいいアクセントになり、
カジュアルで親しみやすい雰囲気に。
アウター２枚で上にボリュームが出るぶん、
脚が細く見えてスタイルアップにも。

リッチに見える配色は「ほぼワントーン」か「真逆の2色」

第1章の丈選びの話のときに〝あいまいを避ける〟と言いましたが、配色においても「潔さ」は大切なことだと思います。私がよくしているのは、同じような色で揃えるか、真逆の色を組み合わせるかの2パターン。

前者の〝同じ色で揃える〟というのは、ベージュ、グレー、白といったベーシックカラーをおしゃれに見せたいときに絶大な威力を発揮してくれる配色。**同系色を重ねるだけという手軽さが魅力ですが、ワントーンはともするとのっぺり見えたり、ただの地味、に陥ることもあるので、微妙に色や質感を変えるのがポイント**。キャメル×ブラウン、ブルー×グレー、白×ベージュ、これくらいの差は許容範囲。あまりかっちりと決めすぎず「ほぼワントーン」くらいでよいのです。

後者の〝真逆の色を組み合わせる〟というのは、スタイリストさんに教えていただいたテクニック。**きれいな色を使うときは、その1色以外を平凡な色でまとめるとかえって悪目立ちしてしまうもの。だからこそあえてもう1色、同じくらいパンチのある色をぶつけたほうが、意外とすんなりなじむ**という理論です。こっくりキャメルと鮮やかパープル、涼しいブルーと暖かなブラウン、暗い黒と明るい白……明度とか彩度とか、難しい話は置いておいて、色の持つ雰囲気重視で選びましょう。

CAMEL

CAMEL
PURPLE

真逆の２色 ←── or ──→ ほぼワントーン

CAMEL
BROWN

真逆といっても、それぞれが高見えする色なら
リッチ感も倍増。リュックやビーサンで
カジュアルに楽しみたい日は、こんな2色を。
ほんのりツヤのある素材をちりばめるのも、
全体が華やかになって効果的です。

基本的に品がいいベーシック色の中でも、
キャメルは最強のリッチ色。その同系色とくれば、
お高く見えないはずはありません。
ニットスカートやファーバッグなど〝お茶目〞を
多用しても、ちゃんと女らしい仕上がりに。

ニット：**UNIQLO**
デイバック：**UNIQLO**
Tシャツ：Hanes
スカート：JOURNAL STANDARD L'ESSAGE
靴：GAP

ニット：**UNIQLO**
Tシャツ：Hanes
スカート：WRAPINKNOT
バッグ：BEAUTY&YOUTH
靴：PATRICK

SMOKY BLUE

SMOKY BLUE

BRICK COLOR

SMOKY BLUE

GRAY

真逆の２色 ←── or ──→ ほぼワントーン

温かみのあるレンガ色が、ブルーをリッチに。
涼感のあるブルーが、レンガ色をスマートに。
合わせることで魅力を引き立て合う、
ベストなカラーリング。対照的な色だからこそ
リラックス感のあるアイテムで力を抜いて。

シャツ（メンズ）：**UNIQLO**
パンツ：DRESSTERIOR
バッグ：YAECA
靴：MANOLO BLAHNIK

くすんだブルーと色あせたグレー、
どこか男っぽい色同士なのに上品に見えるのは、
まさに〝ほぼワントーン〟という配色の妙。
バッグや足元は女らしく味付けするのも
辛口なカラーをエレガントに見せるワザ。

シャツ（メンズ）：**UNIQLO**
デニム：upper hights
ストール：Faliero Sarti
バッグ：FURLA
靴：3.1 Phillip Lim

WHITE

BLACK / WHITE

真逆の２色 ←― or ―→ ほぼワントーン

CREAM / WHITE

色があふれる今、黒×白だけのモノトーンが
かえって新鮮！　ジャケットの中のTシャツは
衿が高く、光沢のあるきれいめなデザイン。
フラットなサンダルもスエードを選ぶなど、
カジュアルなものにこそ高級感を取り入れて。

パンツ：**UNIQLO**
ジャケット：ebure
Tシャツ：ESTNATION
サングラス：OLIVER PEOPLES
バッグ：J&M DAVIDSON
靴：NEBULONI E.

上はワッフル、下は化繊、小物はレザーと、
同じ白でも少しずつ質感を変えることで、
着こなしにリズムが生まれ、素敵に見えます。
ストールまで白だと単調になりすぎるので、
淡いベージュでやさしいアクセントを。

パンツ：**UNIQLO**
トップス：THE NORTH FACE
ストール：ASAUCE MELER
バッグ：JIL SANDER NAVY
靴：SPELTA

「どこか辛口」にすれば、スタイルアップして高見え

仕事帰りに友人と会うと「今日休み？」などと聞かれたりして、そのたびに猛省。週の半分はデニムといっていいほどカジュアル派の私ですが、あまりにラフなのも大人としては問題。おしゃれに見えるのも大事ですが、やっぱり**大人は大人なりのきちんと感や女らしさがなければ**と、この歳になって痛感しています。

カジュアルにも似合う〝そこそこ〟のきちんと感や女らしさを引き出すうえで、カギとなるのが辛口アイテム。たとえばカーキのような男っぽい色を着ると、おのずとヘアやメイクのやわらかさや可愛さが引き立ちますし、とがった靴をはけば、脚が引き締まってスタイルよく見える。シルバーのアクセを一つつければ、リラックスした服を着ていてもどこか知的に見えたり、凛としたムードが漂ったりします。

これ見よがしにパリッとしたシャツを着たり、色っぽいスカートをはくのではなく、辛さを使って女らしさやきちんと感を〝ほんのり〟と引き出す。さりげなく奥ゆかしいこのひと技もまた、大人のユニクロを素敵に見せてくれるテクニックです。

どんな服も辛口に仕上がる カーキ をフル活用

潔く胸元を開けても
イヤらしく見えないのも、
"男前"なカーキの力。
サーマルは大好きな
トップスの一つです。

トップス(メンズ)：**UNIQLO**
スカート：Deuxième Classe
ハット：KIJIMA TAKAYUKI
バングル：YAECA
バッグ：J&M DAVIDSON

〈右から〉ポシェット：Hervé Chapelier　トップス：Pilgrim Surf+Supply　パンツ：ARMY UPPER HIGHTS　コート：Cape HEIGHTS

色で辛口と聞いて、まっ先に思いつくのはやはり「カーキ」。

サーマルトップスやカーゴパンツ、迷彩柄といったミリタリーアイテムの定番に多い色なので、**男臭いイメージがあるかもしれませんが、ブラウンにも似た品と使いやすさが。**それでいて黒などに合わせればアクセントにもなったりと、実は主役にも脇役にもなる万能なカラーです。

靴やバッグに鋭角を投入

デニムも足元も淡い色、
そんなときこそポインテッドトウ。
四角のヒョウ柄バッグも
いい引き締め役になります。

ニット：**UNIQLO**
Tシャツ：Hanes
デニム：STUNNING LURE
サングラス：GU
バッグ：Clare V.
靴：Christian Louboutin

〈上から〉パンプス：Christian Louboutin　アニマル柄クラッチバッグ：Clare V.　黒クラッチバッグ：JANTIQUES　黒フラットシューズ：ADAM ET ROPÉ　黄色フラットシューズ：J&M DAVIDSON

次に意識すべきは形です。形は単純にとがったもの、角があるもののほうがシャープに見えます。

そんな〝鋭角〟は服より小物で取り入れるのが簡単。靴ならラウンドよりポインテッドトウ、バッグなら丸より四角。バレエシューズやポシェットといった可愛いはずのアイテムも、**角があるだけで大人っぽく洗練された印象になります。**

着こなしを引き締める シルバーアクセ

こんなラフなスウェットでも
街で浮かないのはシルバーピアスが
凛と見せてくれるから。
大ぶりなデザインでも
これ見よがしにはなりません。

スウェット：**UNIQLO**
Tシャツ：**Uniqlo U**
ピアス：chigo

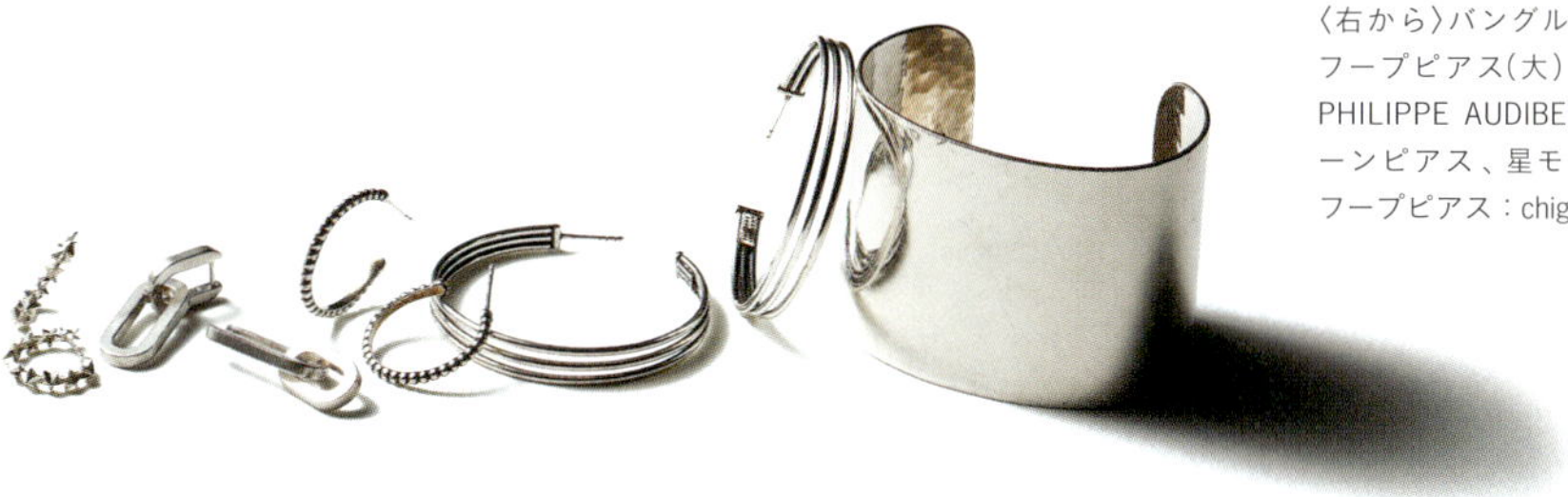

〈右から〉バングル：YAECA
フープピアス(大)、(小)：
PHILIPPE AUDIBERT　チェーンピアス、星モチーフの
フープピアス：chigo

素材ならゴールドよりシルバー。同じアクセでもゴールドは華やかさに効くのに対し、**シルバーはかっこよさや知性に効く色。**持ち前のシャープさで引き締め効果も高いので、バングルなら腕が細く、ピアスなら顔まわりがすっきり見えるよさもあります。ただし、光沢が強いと安っぽくなるので要注意。**大人はマットなものを選びましょう。**

ユニクロに「一生モノ」のバッグはいらない

雑誌のスナップで「この服、実は全身で1万円以下です！」という女性が持っているのは、車が買えるほど高価なバッグ。「そりゃ、高く見えるよね〜」と思った経験があります。だって、バッグが〝超〟がつくほど高級品。高く見えてしかりです。

今の若い世代の女の子たちは、生まれたときからユニクロがあって、GUがあって、しまむらがあって、みな当たり前のように手頃な服を工夫して着ています。車が買えそうなバッグなど、誰も持っていません。でも誰もがとてもおしゃれです。

初めに、大人には「上質感」が必要と書きましたが、今のユニクロはとても質がよく、安いけれど〝安っぽい服〟ではありません。びっくりするような高額な小物に頼らなくても十分リッチに見えます。だけど**ベーシックがゆえに、トレンドや女らしさが足りないときがあります。それをバッグや靴で補えばいい**のです。

ウン十万もするバッグに投資するなら、トレンド上手なセレクトショップのバッグを2〜3個買ったほうが、おしゃれにははるかに効果的。新しい物を手にしたときの高揚感で気分も上がるし、おしゃれが楽しくなって人にも会いたくなる。一流に頼るのはもうちょっと先。今はまだ、工夫でおしゃれを楽しみたいと思います。

仕事柄、多くの書類を
持ち歩くことが多いので、
トートバッグと小さなバッグの
２個持ちが私のスタイル。
主役となるミニバッグは、
とにかくトレンド重視。
服では難しい柄や派手色も
積極的に楽しみます。

ニット：**UNIQLO**
パンツ：martinique
巾着バッグ：BEAUTY&YOUTH
トート：MELROSE AND MORGAN
サングラス：OLIVER PEOPLES
靴：JIMMY CHOO

大事なのはどこのブランドかよりも、そのバッグでコーデがおしゃれに見えるかどうか

平日は実用的な大きめトート、休日は流行のミニバッグと、これまでは仕事と遊びでバッグを分けるのが普通でした。でも今は、服だってオンオフがあいまいですし、バッグのせいで着られる服が限られては本末転倒。休日のたびに同じバッグで、友達に「いつも一緒」と思われるのも悲しいことです。

最近は小型化しているといえども、バッグが占める面積はまあまあ大きい。それだけ印象を左右するものなので、私にとって**バッグは小物というより服に近い存在。**シンプルな服を盛り上げるために、時々きれいな色やデザインを使う感覚で、**ちょっとだけクセのあるものをスパイスとして使います。**

数シーズン乗り切ればいいので、上質なシンプルより手頃なトレンド。ブランドは問いませんが、**その時季の流行りを使いやすく落とし込んだ、セレクトショップのオリジナルバッグは絶妙です。**

柄やユニークな素材も大歓迎ですが、汎用性の高さで考えれば、色はベーシックカラーが妥当。地味色で大きいものはおしゃれのテンションを下げてしまうので、おのずと〝小さめ〟がいいですね。

〈右から〉白レザーバッグ：JIL SANDER NAVY　ブラウンレザーバッグ：ZANCHETTI　ブルーロゴトート：AMERICAN WAVE　赤ロゴトート：MELROSE AND MORGAN　チェック巾着バッグ、フェイクファー巾着バッグ：BEAUTY&YOUTH　バスケット(大)：12closet　ミニポシェット：ともにHervé Chapelier　バスケット(小)：Té chichi

バッグで遊ぶぶん、靴は女っぽくて〝いいもの〟を

よくバッグと靴は「小物」として一緒くたにされがちですが、私にとってはその役割はまったく別。**バッグが〝遊ぶ〟ものだとしたら、靴は〝女らしさを叶える〟もの。トレンドよりもスタイルよく見せてくれるかが、何よりも重要です。**

選ぶ基準が「スタイルよく見えるか」なので、形は自然と決まってきます。一生とまではいいませんが、少なくともここ数年ははいていますし、この先も変わらずはくものだと思うので、ここだけは投資のしどころ。3日に一回はけば、一年で120日。5年なら600日。6万円の靴を買っても、5年はけば一日100円です（笑）。

私の場合は身長が低いので、シュッと見えることが最優先。ヒールは高く、細いに越したことはありませんが、**つま先がとがったものであればぺたんこだって問題なし**。素材は問いませんが、上質感のあるスエードは大好きです。

色はどちらかというと暗いものが多いですが、黒は足元が重たくなるぶん〝シュッ〟とは見せてくれないので、ヒールの高いものが多め。**グレーやベージュなど、落ち着きの中にも明るさのある色が、一番使いやすいです。**

〈右から〉グレーサンダル：3.1 Phillip Lim　グリーンサンダル：NEBULONI E.　グレーパンプス、黒パンプス：JIMMY CHOO

グレーのスエードパンプスは、
私にとって最強の一足。
流行りでブランドの靴を
買うことはありませんが、
絶対的に合う木型が
あったりするという意味では、
ブランドの定番モデルに
頼ることもあります。

靴：JIMMY CHOO
バッグ：BEAUTY&YOUTH
パンツ：martinique
コート：HAUNT

大人のスニーカーは、足首を出さずにはく

私はスニーカーが大の苦手。デニム＋靴下＋スニーカーがおしゃれに見えるのは、デニムと靴下の間から足首がのぞく人だけ。この短い脚でその足首を出すには、どれだけ短いデニムをはけばよいのか……と、スニーカーの流行をうらめしく思うときがあります(笑)。

なんて言っていられないほどスニーカーが定番となっている今、**私が実践しているのは、足首が隠れるマキシ丈のスカートかワイドパンツの日にだけはくということ。肌は見せない、これが結論です。**

色なら抜け感を出せる白。パンプスでは難しい白も、スニーカーなら抵抗なくはけるという利点もあります。もう一つ最近気に入っているのは、**ベージュやカーキのようなアースカラー**。流行のブラウン系の服にも合いますし、何より〝今っぽく〟見えます。

22.5㎝と小足で、ジャストサイズのスニーカーではボリュームのあるボトムに負けてしまうので、1～1.5㎝大きめを選ぶのもマイルール。その一方で、下半身ばかりにボリュームが出ないよう私のように小柄な方はストールを巻いたり、フードつきの服を選んで、上にもボリュームを分散させるのがコツです。

〈上から〉ハイカットのオールスター：MHL. × CONVERSE　ローカットのオールスター：CONVERSE　レザースニーカー：PATRICK

ワイドデニムに

薄いブルーデニムは基本、何にでも合うので
流行色のスニーカーにも挑戦できます。
今だったらブラウンやベージュ。
バッグやストールも合わせて色数を抑えれば、
カラースニーカーでも幼く見えません。

ニット：**UNIQLO**
デニム：BLACK BY MOUSSY
ストール：Joshua Ellis
バッグ：BEAUTY&YOUTH
靴：MHL. × CONVERSE

マキシスカートに

ニット素材のスカートに合わせるなら、
キャンバスではなくレザーのスニーカーで
ほっこりしすぎないように調節。
縁取りなど色の入っていない、かかとまで
「まっ白」なほうがスタイリッシュに。

ニット：**UNIQLO**
ベスト：DRESSTERIOR
スカート：WRAPINKNOT
バッグ：Té chichi
靴：PATRICK

シンプルなユニクロこそ、髪とメイクが超大事!!

ファッションの撮影をしていて、つくづく思うことがあります。それは服を生かすも殺すも、ヘアとメイク次第ということ。そして、ついメイクばかりに焦点が当たりがちですが、本当に大事なのは「髪」だと思います。

私自身も「なんか今日、可愛いね」と言ってもらえた日はたいてい、髪が決まった日。多くて、カタくて、手入れも苦手なので、ほとんどの日がギュッと一本結び。そこにシンプルな服を着てしまうと、ただの老けた人にしか見えません。

髪だって服と同じく、ひと手間かけるのが超大事。〝がんばらないのがおしゃれ〟といわれる今の時代、また大人になればなるほど、隙がないと古臭く見えるので、私がめざしているのは「作りこんだ適当」。**髪を結んだまま一晩寝て、起きた朝のゆる〜い感じ。それを計算して作れれば最高です。**

メイクは正直、人それぞれの顔の雰囲気もあるので一概には言えませんが、**高く見える素材と一緒で、ハリや肉厚な感じ、ツヤは不可欠**だと思います。毛玉のついたニットのように、ダマのついたまつ毛もだらしなく見えてしまうので、まずはそういう細かいところに気をつけることが大切。結局これも、服選びと一緒ですね。

肌がくすんで見えることもあるので
寒色のトップスを着るときは、
リップは強めの色をのせます。
そのぶん、ヘアは後れ毛を多めに
ゆるっと仕上げるなど、
〝足したら引く〟でバランスよく。

| Tシャツ：**UNIQLO**

シンプルメイクのポイントは 眉 と まつ毛

〈上〉下まつ毛専用のマスカラはクリニーク。ブラシが極小で使いやすい。〈下〉上まつ毛はヘレナ ルビンスタイン。チューブ型というユニークな形状にも惹かれました。

ペンシル＋眉マスカラで「ブラウンの太眉」を作ります

基本のメイクは、そばかすが消えない程度の薄いファンデと太眉、マスカラのみ。アイシャドウやチークといった色物に頼らないぶん、眉だけはていねいに作ります。昔、整えすぎて細くなってしまったところだけペンシルで描き足し、同色の眉マスカラを全体に。色はブラウンが中心ですが、そのときの髪色に合わせて微妙に変えています。

帽子をよくかぶるから、下まつ毛にもマスカラを

実はとても白髪が多く、かといってひんぱんにカラーもできないので帽子は必需品。でも帽子をかぶるとつばの陰になり、目の印象が弱まってしまう気がするので、下まつ毛にもマスカラを塗ってひと盛りします。ボリュームよりも長さが出せるタイプの黒が定番です。

Tシャツ：**UNIQLO**
ハット：qcillo & c

リップは淡く色をのせる程度で

もともとの唇の色が赤く、リップは見たときとつけたときのイメージが変わってしまうこともしばしば。なので、特徴のある色はあまり使いません。とくに大人の赤リップは怖く見えがちなので、服が白やベージュのワントーンのときなど効果的に使いたいときだけ。基本はサーモンやコーラルなど、肌色が健康的に見えるオレンジ系を。よく使っているのは3CEのハート ポップ リップ。

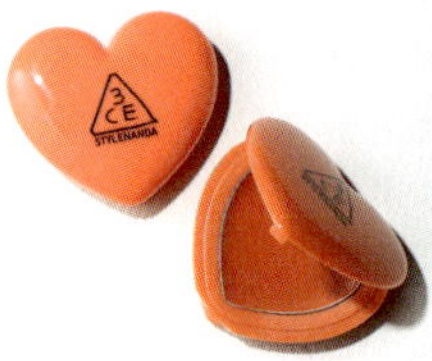

おしゃれ感に欠かせないのは 後れ毛

シンプル服に後れ毛で、華やぎと色っぽさを

基本、服はシンプル。アクセといっても大きなものや派手なものはめったにつけない私にとって、後れ毛は華やかさを出すための一つの手段。同じまとめ髪でもホロリと毛束が落ちているほうが、サイドや後ろも表情豊かに見えるし、色っぽくもある。「面倒くさいから結びました」と思わせるような一本結びでは、せっかくのおしゃれも魅力が半減してしまうので、必ずひと手間かけましょう。

まとめ髪のときの後れ毛は、こうして作っています

アイロンで毛先から唇の高さくらいまでの髪を内巻きに。クセがつく程度大きくゆるっと。

オイルを手全体になじませ、巻いた部分だけほぐすようにもみこむ。頭頂部にはつけません。

耳の後ろやうなじから上に向かって、指の間で髪をすくうようにしながらざっくり束ねる。

ゴムで結んだ後、後れ毛を出したいもみあげ、耳の後ろ、えりあしの毛を少量ずつ引き出す。

引き出した毛だけをもう一度巻き、ワックスで固定→ほぐすを繰り返しながら毛束を調整。

結び目を押さえながら、ゴムに近いところから頭頂部にかけて髪の表面を少しずつ引き出す。

完成!

サイドや後ろのほぐれ具合をチェックして完成。帽子をかぶる日は結ぶ位置をやや低めに。

使いやすいクレイツのヘアアイロン

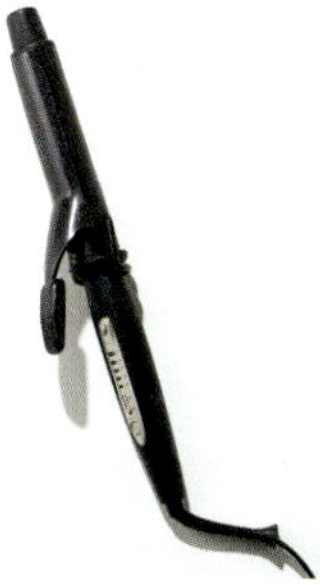

いろいろ使ってみた結果、一番しっくりきたのがこの「クレイツ ホリスティックキュア カールアイロン」。多くてカタい私の髪には、やや太めの32mmがベスト！

お気に入りのスタイリング剤

ヘア専用ではなく、肌にも塗れるかがポイント。香水代わりに、自分の香りと印象づけられる「甘めのいいニオイ」が好み。右はザ・プロダクトのワックス、左はオフィシーヌ・ユニヴェルセル・ビュリーのオイル「ユイル・アンティーク（チュベローズ・デュ・メキシク）」。

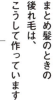

大人の高見えルールを実践！
ユニクロ ユーの1000円Tシャツで、毎日おしゃれ

先ほどご紹介した「名品」の中にはあえて入れなかったのですが、**一年を通して〝最も着ている〟アイテム――それが「ユニクロ ユー」のクルーネックT**です。もはやユニクロの定番の一つですが、私が出会ったのは2年前。当時は今ほどには知られていませんでしたが、シーズンごとに色が増え、素材が変わり、あっという間に大ヒット。私自身も新作が出るたびに、同じ色、違う色、違うサイズ……と大人買いしてしまうほど、欠かせないアイテムになりました。

1000円という価格、そしてとても1000円には見えない上質な素材感もさることながら、一番の魅力はそのカラーバリエーションの多さ。色の美しさは「ユニクロ ユー」の自慢のポイントでもありますが、着こなしのアクセントになるような今っぽいカラーが揃うので、〝着てみたいけど似合うか不安〟〝派手すぎて抵抗がある〟といったような**トレンド色をちょっと試したいときにも、ぴったり**です。

ベーシック色は鉄板ですが、派手色でおすすめなのはイエローやオレンジのビタミンカラー。大好きなデニムや人気のグリーン系のボトムとも相性がよく、くすみがちな大人の肌色も明るく見せてくれる。こんないい色、使わない手はありません！

色、素材、形……どれをとっても超名品！

デビュー当時の
洗いざらしのような風合いも、
2018年にアップデートした
つるんとなめらかな質感も
それぞれに魅力的。
2019年春は渋色も増えて、
さらに使いやすくなりました。

SCENE
1
初めましてのスタッフと編集部でミーティング

新しいスタッフと仕事をするときや
気合の入る取材のときこそ、
着慣れた黒Tとデニムで〝私らしく〟。
大人のモノトーンは地味になりがちなので、
チェックのバッグでお茶目さも足して。

Tシャツ：**Uniqlo U**
デニム：upper hights
ハット：KIJIMA TAKAYUKI
バッグ：BEAUTY&YOUTH
靴：CHEMBUR

SCENE
2
7回目の記念日にちょっといいレストランへ

一枚で着るには元気すぎる「まっ白」。
とくに夏は、艶のあるスカートを合わせたり、
渋色のカーデをゆるっと巻いてみたり、
いつもより女っぽい着こなしを心がけます。
バッグに主張があるのでノーアクセで。

Tシャツ：**Uniqlo U**
カーディガン：**UNIQLO**
スカート：JOURNAL STANDARD L'ESSAGE
バッグ：FURLA
靴：NEBULONI E.

SCENE 3

うなぎの名店めざして小田原までドライブ

ドライブデートはTシャツ＋ビーサンの
お気楽なスタイルが基本。とはいえ手抜きは
避けたいので、パンツだけはきれいめに。
派手なオレンジは、SAで迷子になりかけた私を
救ってくれた色でもあります(笑)。

Tシャツ：**Uniqlo U**
パンツ：STUNNING LURE
サングラス：GU
バッグ：JIL SANDER NAVY
靴：OLD NAVY

SCENE 4

気心知れた仕事仲間とひたすらコーラで夜お茶

右と同じTシャツ＋ビーサンのスタイルも、
シックな色とスカートに変われば印象は一新！
洗いざらしのような風合いが気に入って
2年前に、3枚も買ってしまったネイビーTは
今年もまだまだヘビロテの予感です。

Tシャツ：**Uniqlo U**
スカート：little Suzie
イヤリング：DOMINIQUE DENAIVE
バッグ：ZANCHETTI
靴：GAP

SCENE 5

今日は夜まで長丁場。6時集合で撮影へ

すべてがカジュアルなアイテムのときは
リッチに見える〝ほぼワントーン〟を活用。
新色のブラウンT～ピンクのカラーリングは
今一番のお気に入り。撮影の日は荷物も
多いので、両手の開くポシェットが不可欠！

Tシャツ：**Uniqlo U**
ジージャン：**UNIQLO**
パンツ：JOURNAL STANDARD L'ESSAGE
バッグ：Hervé Chapelier
靴：MANOLO BLAHNIK

SCENE 6

幼なじみが大人婚！仲間だけでパーティを

きれいめなブラウスではなくTシャツに。
そしてそのTシャツを、黒でも白でもなく、
カーキにしたところが一番のこだわり。
辛口な色が一つ入るだけで、コーデが締まって、
ほかの女っぽさが引き立つという好例です。

Tシャツ：**Uniqlo U**
スカート：DRESSTERIOR
ネックレス：CADEAUX
バッグ：JANTIQUES
靴：JIMMY CHOO

SCENE 7
もうすぐ誕生日の母と銀座でお祝いランチ

ネイビーよりは一段明るいダークブルーも
今季買ったばかりの新色。昨年はSCENE4の
ネイビーTを合わせていた赤茶のスカートも
ちょっと新鮮に映り、おしゃれも楽しい。
銀座という街を考慮して、足元はヒールに。

Tシャツ：**Uniqlo U**
スカート：STUNNING LURE
バングル：Deuxième Classe
バッグ：12closet
靴：LUCENTI

SCENE 8
新企画の打ち合わせでクライアントのオフィスへ

おでんの「和からし」のような深いイエローは、
肌寒くなってきた日にほしくなる色。
白ほどさわやかすぎず、華やかさもあって
秋口のジャケットのインナーにも最適。
崩しすぎないように、小物は品よくまとめます。

Tシャツ：**Uniqlo U**
ジャケット：BRACTMENT
デニム：atespexs
メガネ：GU
バッグ：J&M DAVIDSON
靴：JIMMY CHOO

重ね着に使う白Tは、ネックラインや丈にミリ単位でこだわります

42ページでも白Tをチラリ。細身のニットに合わせて、この日はSLOANE。

JIL SANDER

落ち感のあるしなやかな素材は、着心地のよさも格別。インナーより主役使いで。

Uniqlo U

潔い白と詰まった首が特徴。衿の開きが狭いニットでも、白を見せたいときに。

Acne Studios

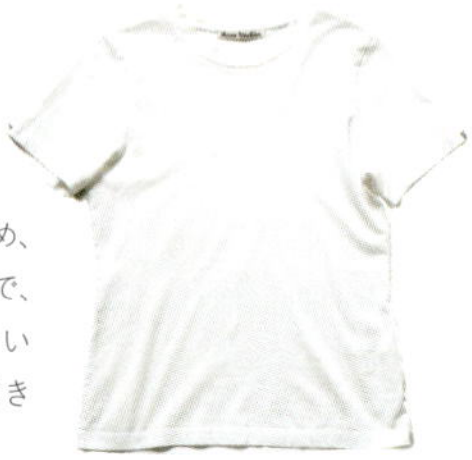

身幅はやや狭め、丈はやや長めで、最も重ねやすい一枚。首の開き具合も絶妙。

Hanes（BEEFY）

地厚なコットン。重ね着の裾から出しても、ヨレたりヘラヘラしないのがいい。

一枚はもちろん、衿や裾にちょっと効かせたいときにも使うことが多い白Tは、首の開き具合や着丈、厚み、風合いの違いなど、さまざまなタイプを着こなしによって使い分けています。洗うほどにタフになってくるようなヘインズ「BEEFY」のパックTから、ウン万円もしてしまったけれど〝自分だけがわかる上質感〟にテンションが上がるブランドTまで、宝探しのような白T探しは、下着選びにも似た楽しさがあると思います。

CHAPTER

04;

UNIQLO
MIX
STYLE

大人にちょうどいい ユニクロ5割の簡単コーデ

いくら大好きでも、私が「全身ユニクロ」ではあまり着ない理由

大人になり、以前と比べて人と会う機会が減ってくると、いかにコーディネートのパターンを多く持っているかよりも、一回一回をよりおしゃれに見せたいとか、楽しみたい、と思うようになりませんか？　私がユニクロを好きな理由の一つは「シンプルで合わせやすい」ことですが、それは悪い言い方をすれば「無難」や「無個性」でもあること。楽しいとか、着ていて気分が上がるという点においては、ほかの服の力を借りたほうがいいときがあります。

私の場合、それは昔から好きな「デニム」だったり、着ているとテンションが上がるような「ピンク」。どちらもいいと思ったら、つい手に取ってしまうものですが、大人の今は仕事もあるし、あまり気にしないほうとはいえ、人の目もある。だから、〝カジュアルすぎ〟とか〝甘すぎ〟の調整役として、ユニクロのベーシックな服も必要。「上がる」と「落ち着く」のどちらもあって初めて、大人のおしゃれ

は完成するんじゃないかなと思います。
そのために私が実践しているルールは、ユニクロは「5割まで」。そして残りの5割のポイントは、特定のブランドに偏らないこと。信頼できるセレクトショップ、今いちばん勢いのあるブランドが集う駅ビル、ふだんはあまり縁のないヴィンテージショップや一流メゾンの路面店をのぞくこともあります。経験も自由になるお金も増えた大人の今は、若いときより格段におしゃれの選択肢が増えているのですから、いつまでも狭いテリトリーの中で似たものばかりを買っていてはもったいない！　楽しいものや、着ていて上がると思うものに出会うには、冒険とチャレンジ、そして多少の投資は必要です。

子どもの頃、いつまでも同じドリルをやっていてはわからなかったことも、まったく関係のない本を読んだり、いつもと違う部屋で考えていたらふと解けることがありました。きっと、そんな感覚に近いのかもしれません。それが正解かどうかはさておき、大事なのは「あ、わかったかも！」＝「似合うかも！」と思えたときの高揚感やワクワクする気持ち。見たことも着たこともないショップで買えばいいというわけではありませんが、時には流されたり、〝らしくないもの〟に挑戦してみるのもひとつの手。遠回りのように思えることが、いちばんのおしゃれの近道になることだってあるのですから。

鉄板コーデは「ユニクロトップス×ベストなデニム」

ユニクロのニットとお気に入りのデニム。これまでもう何度となく着ていますが、左のコーディネートは私のユニフォームのような組み合わせ。春、初夏、晩夏、秋、冬と、ニットが着られる限りはほぼ一年中、こんな格好をしています。

私がユニクロで買うのはトップスが8割、ボトムが2割。ボトムが2割しかないのは、そもそもスカートをあまりはかないので、限られたパンツの中で身長問題をクリアし、かつ納得のいく形やデザインに出会うのはなかなか難しいからです。

そのためパンツ、中でも**好みがはっきりしたデニムは、ほかのブランドに頼りがち。**裾を切らずにはけるかが一番のポイントですが、**シンプルなユニクロトップスを盛り上げてくれる少しだけクセのあるもの。それでいてラフになりすぎないのが大事。**

着こなしに特別なルールはありませんが、一つ挙げるならさっぱりしすぎないようにすること。クセがあるといってもそんなに突飛なデニムを選ぶわけではないので、ベーシックなトップスだけではさびしく見えることも。**ハットやスカーフといった小物や、柄や明るい色など、ワクワクをもうひと盛り**するのが私流です。

私なら、気分が上がるデニムと
気分が落ち着くユニクロのニット。
こんなふうに定番スタイルが
一つあると「好き」「嫌い」の基準になる。
新しいおしゃれに挑戦したいときにも
必ず役に立つはずです。

ニット：**UNIQLO**
デニム：BLACK BY MOUSSY
ストール：Faliero Sarti
バッグ：Té chichi
靴：MANOLO BLAHNIK

私のカジュアルを支える、お気に入りデニムブランド

BLACK BY MOUSSY

upper hights

すべて
日本ブランド！

「それどこの？」と
必ず聞かれるリメイクデニム。
かなり太めで個性的ですが、
ダメージがないので
意外ときれいめにはけます。

ブルーより新鮮に映り、
大人っぽくはけるグレーは、
一番のヘビロテ。黒を
ぐーっと色落ちさせたような
ニュアンスのある色が好き。

　きれいめすぎてもラフすぎてもダメと、さじ加減が難しい大人のデニム。色やデザインはさまざまですが、**靴の木型と同じで、ブランドによってベースの形は決まっていたりするもの。**体に合うタイプが見つかったら後はその新作を追っていけばいいので、まずは各ブランドが得意とする形をチェックしてみるのも手です。

　普通のパンツがきれいと定評のあるブランドは、デニムもきれいなものが多くておすすめ。話題のインポートデニムも体に合えば着たいですが、私には大きいことが多い。微差がものをいうボトムはやっぱり、日本人の体を知り尽くした日本ブランドのものがしっくりくる気がします。

スキニー以外の黒は、
実はこのハイライズが初。
股上が深くてお腹が楽ちん。
トップスをインしやすいので、
夏場はとくに出番が多め。

普段のパンツでも大好きな
「スタニングルアー」は、
デニムもやっぱり超優秀。
お直ししなくてもはける
切りっぱなしに惚れました。

濃紺のインディゴデニムは、
ちょっとカジュアルな
ネイビーパンツという感覚。
テーパード＆アンクル丈は
小柄な私のスタンダードです。

ユニクロトップス × ベストなデニム コーデ

キャスケットやターバン、スカーフなど
印象がガラッと変わるヘア小物を取り入れる日は、
シンプルなTシャツ+デニムが落ち着きます。
Tシャツはちょっとゆるめのサイズ感、
サンダルもぺたんこでがんばりすぎないように。

Tシャツ：**UNIQLO**
デニム：THE SHINZONE
キャスケット：GU
バッグ：Clare V.
靴：NEBULONI E.

バンドカラーと呼ばれる丸首のシャツは
堅苦しさがなく、デイリー使いしやすい一枚。
逆にデニムはきれいめなストレートにして、
上下のテンションを合わせるのがコツ。
通年使える色なので、小物で季節を楽しみます。

シャツ：**UNIQLO**
デニム：STUNNING LURE
ハット：qcillo & c
バッグ：Fatima Morocco
靴：JIMMY CHOO

見ていると可愛い、でもするには気恥ずかしい
〝パリっぽ〟なボーダースタイルも、
幅をぐっと太くして、グレーベースで作ったら、
大人の私にもとっても着やすくなりました。
上はメンズのS。ほどよいゆとりもいい感じ。

カットソー(メンズ):**UNIQLO**
ハット:**UNIQLO**
デニム:upper hights
バッグ:J&M DAVIDSON
スカーフ:GUCCI
靴:SPELTA

ある日、電車で見かけた男性の服が可愛くて
思わずマネしてしまったコーディネート。
ブルーのストライプ×キャメルの組み合わせは、
清潔感も高級感もあって大好き。デニムは
ローファーでもすらっと見えるテーパード型を。

ニット(メンズ):**UNIQLO**
シャツ(メンズ):**UNIQLO**
デニム:CLANE
サングラス:MOSCOT
バッグ: MELROSE AND MORGAN
靴:MICHEL VIVIEN

きちんとしたい日は「ユニクロの黒×女っぽい黒」

普段がとてもカジュアルなので、いざ〝きちんとしなければならない日〟に何を着ていったらいいのかわからない……。ブラックフォーマル的な装いはとても苦手な分野でありますが、そんなときにもユニクロは大活躍してくれます。

もちろん卒入園式や告別式などきちんとしたスーツが求められる場合は別ですが、**私がよくしているのは、とろみ素材に組み合わせたオールブラックの着こなし。**

ポリエステルやレーヨンなどちょっととろんとしたスカートやブラウスは、かしこまった席にもふさわしい上質感があり、ユニクロのシンプルな黒を華やかに格上げしてくれます。そして実は、ユニクロ自体にもそういったシャツやブラウスが豊富。幸い**黒は、色や質感の差が出にくいカラーなので、まるでもともと用意していたセットアップのように着こなせる**のもうれしいところです。

物にもよりますが、私はたいていのユニクロの服は自宅で洗ってしまいます。管理が悪くシワシワになっていたり、防虫剤のニオイがプンプンするような一張羅でフォーマルの場に出向くなんてナンセンス。清潔に整えられ、着慣れて動きやすい黒のコーディネートのほうが、はるかにふさわしい装いなのではないでしょうか。

レーヨンのブラウスと
とろみ素材のスカートの
即席セットアップ。
パッと見では質感の差が
わかりにくい黒なら、
違う素材でもあまり
違和感なく着こなせます。

ブラウス：**UNIQLO**
スカート：Deuxième Classe
ハット：KIJIMA TAKAYUKI
バッグ：J&M DAVIDSON
靴：NEBULONI E.

SCENE

1 女子会

とろみ素材のドット柄ブラウスは、
「ユニクロの黒」であり「女っぽい黒」でもある
優秀アイテム。一枚で存在感があるので、
デニムを合わせてシンプルに。肌を多めに出して
水玉が子どもっぽく見えないようにひと工夫。

ブラウス：**UNIQLO**
デニム：THE SHINZONE
ピアス：PHILIPPE AUDIBERT
バッグ：JIL SANDER NAVY
靴：3.1 Phillip Lim

SCENE

2 パーティ

立食パーティでは長時間立ちっぱなしなので
極力ヒールは避け、ぺたんこでもすらっと見える
Iラインを意識した着こなしに。パンツは
「名品」でもご紹介したアンクルパンツの黒。
ウエストゴムなので食べすぎても安心です（笑）。

パンツ：**UNIQLO**
トップス：ZARA
ジャケット：beautiful people
バッグ：PLST
靴：J&M DAVIDSON

SCENE 3 お仕事

普段はめったに着ない黒ジャケットなので
着慣れていない感じが出ないように、
インナーはシャツでなく、定番のTシャツで。
腰まわりはジャケットでカバーできるので、
パンツは凛とした雰囲気が出せるスキニーがベスト。

Tシャツ：**UNIQLO**
ジャケット：ebure
デニム：MOUSSY
チョーカー：JUICY ROCK
バッグ：J&M DAVIDSON
スカーフ：manipuri
靴：JIMMY CHOO

SCENE 4 お悔やみ

夏の暑い時季、身内の法事で実感したのが、
動けない、洗えない黒は、不便で失礼ということ。
準備も忙しく、洗濯や着替えもしにくいからこそ、
お手入れがラクなレーヨンブラウスが便利。
似た素材のスカートとセットアップ風に使います。

ブラウス：**UNIQLO**
スカート：Deuxième Classe
ネックレス：CADEAUX
バッグ：TAKASHIMAYA
靴：ADAM ET ROPÉ

ずっと好きな「ピンク」は、ユニクロシンプルと合わせて大人に

学生の頃、大流行していたレースのワンピースをデートに着ていったら「イタい」と言われました。それを機に、レース、フリル、リボンといった甘い服とは無縁になった私ですが、「ピンク」だけは別。〝本当は可愛い服を着たい〟という欲望の表れか（笑）、私のワードローブのピンク率は、意外と高めです。

ピンクというのは実に便利な色で、**甘さを足したいときに使えるのはもちろん、色の幅が広く、ベージュやグレーといったベーシックカラーともとても相性がいい**ので、着回ししやすいという利点があります。

中でも私が好きなのは、ちょっとくすんだスモーキーピンクやオレンジ寄りのコーラル、サーモンピンクといった色。スモーキーピンクは甘さが控えめなので大人にも挑戦しやすいですし、コーラルやサーモンはどんな肌色にも合うので、日焼けする夏も気にせず通年使えるという魅力があります。

色そのものが十分可愛いので、選ぶアイテムは極力シンプルに。大人はどちらかというとカジュアルな着こなしに取り入れたほうが、素敵に見えると思います。

甘すぎない
くすみピンクが
使いやすい！

意識はしていませんが、
やはり手に取る色というのは
似たようなものばかり。
素材もテイストもバラバラなので、
その季節に合わせて、
一番〝おいしく〟いただきます。

〈右から反時計回りに〉スカート：ELIN　パンツ：JOURNAL STANDARD L'ESSAGE　ハット：GAP　ニット：STUNNING LURE　Tシャツ：Uniqlo U　ストール：baby mo　靴：MANOLO BLAHNIK

SEASON 1
春に着るなら

どんなに流行が変わっても、春といえばピンク。
一年で最もこの色を楽しみやすい時季でもあるので、
ボリュームスカートで大胆に。甘い色を品よく
見せてくれるのは、コンパクトな白ニット。
防寒とバランスを兼ねてストールも必須です。

ニット：**UNIQLO**
スカート：ELIN
ストール：Johnstons
バッグ：12closet
靴：SPELTA

SEASON 2
夏に着るなら

最近は、ユニクロにも私好みのピンクが豊富。
ちょっとスモーキーな色が素敵ですが、
〝くすみ〟が強いと大人には不利になることも。
夏はおしゃれも開放的になるので、
明るいパープルのパンツで華やかに仕上げます。

Tシャツ：**Uniqlo U**
パンツ：STUNNING LURE
ハット：SENSI STUDIO
バッグ：JIL SANDER NAVY
靴：Christian Louboutin

SEASON 3 秋に着るなら

肌なじみのいいベージュピンクと淡いグレー。
あいまいな色同士は、白Tをはさんでメリハリを。
秋といってもまだまだ汗ばむ日も多いので、
スエードのぺたんこ靴やファーバッグなど
“あたたかみ”は小物だけにとどめておきます。

パンツ：**UNIQLO**
ニット：STUNNING LURE
Tシャツ：SLOANE
トートバッグ：YAECA
巾着バッグ：BEAUTY&YOUTH
靴：FABIO RUSCONI

SEASON 4 冬に着るなら

ピンクのコーデュロイという個性的なパンツは
“アウターありき”の冬に出番が多め。
ダッフルでも子どもっぽくなりすぎないように
中はVネックのカーデでほんのり女らしく。
ピンク以外はあまり色を使わないのもポイント。

カーディガン：**UNIQLO**
コート：SCYE BASICS
パンツ：JOURNAL STANDARD L'ESSAGE
バッグ：YAHKI
靴：CONVERSE

簡単ですぐにキマる、いつものユニクロに「ストールぐるぐる巻き」

簡単に華やかに見えるし、防寒できて、スタイルアップにもつながる。そんないいことずくめのストールも、私には欠かせないアイテムの一つです。

だいたいの場合は、**ニットやカットソーの首元にぐるぐるっとラフに巻く**。このドーナツのような巻き方、初めは、衿の開きが中途半端なニットを持て余していて、その衿元を隠すために始めたのですが、**重心が上にいくので靴がぺたんこでも好バランス。小顔にも見せてくれる**ので、今はほとんどこの巻き方ばかりです。巻いた後の端のフリンジは渦の中に適当に入れればサマになりますし、時間のない朝やシンプルなトップス一枚では心もとないときにもおすすめです。

心地よさからいえば、カシミアが理想。大好きなジョンストンズやジョシュア エリスといったブランドのものはお値段は張りますが、その圧倒的な気持ちよさは、ほかに代えがたいところがあります。でも一番大事なのは立体感なので、素材はともかく大判を選べば間違いありません。柄のほうが華やかになりますが、合わせやすいのは単色。どちらを選んでも、トップスの色と合わせると上品に仕上がります。

白ストール：yusamizu　茶ストール：Johnstons　チェックストール：Joshua Ellis

チェック柄のストールは
軽やかなリネン素材。
リネンはコシがあって
薄手でも立体感が
作りやすいのが魅力です。
冬素材のカシミアニットも
巻くだけで春らしく。

ニット：**UNIQLO**
ストール：yusamizu
バッグ：3.1 Phillip Lim
ピアス：chigo

全体がやさしい色のときは、
単色で素材感のあるものが
強すぎなくてGOOD。
トップスと同じ色なら
いっそう品のよさがアップ。
ぐるぐる巻き＋お団子ヘアは
最強の小顔テクです(笑)。

ニット：**UNIQLO**
パンツ：**UNIQLO**
ストール：yusamizu
バッグ：JIL SANDER NAVY

一見普通なのに差がつく「ユニクロ×アウトドアブランド」

80ページの「どこか辛口」と同じ原理で、アウトドアやスポーツアイテムなど男っぽいものを女性が着ていると、かえって可愛さや女らしさが引き立つ気がします。アスレジャーに始まり、ここ数年はスポーツブランドが大ブーム。昨年の冬はボアやサコッシュが人気で、アウトドアブランドに一気に注目が集まりましたが、こういう**ルーツのあるトレンドはやはり〝本家〟のものがいい**。シンプルなユニクロと、おしゃれだけど高見えはしないカジュアルなアイテムを合わせるときは、カジュアルはちゃんと「ブランド」に頼ったほうが洗練して見えると思うのです。

これはスニーカーを選ぶときにもよくあること。今はいろんな洋服ブランドからも〝コンバースみたいな〟キャンバスのスニーカーや〝アディダスみたいな〟レザースニーカーもたくさん出ています。でもそこにブランド性がないと、どこかチープな印象に陥りがちです。どんなにカジュアルでも、大人にはそこそこのリッチ感が必要。**本気のカジュアルを楽しむ日こそ、〝餅は餅屋〟にまかせましょう**。

ユニクロの
メンズパーカともいい感じ！

大流行したボアアウター。
多くのブランドから
出ていましたが、
アウトドアブランドは
暖かさが格段に違う！
リバーシブルで実用性も。

パーカ(メンズ)：**UNIQLO**
Tシャツ：**Uniqlo U**
ボアジャケット：THE NORTH FACE
デニム：MOUSSY
バッグ：patagonia
靴：PATRICK

THE NORTH FACE

スウェットとは違うカジュアルな
トップスを探していて、
ひと目惚れしたワッフル素材。
メンズっぽいフォルムでも
オフ白なら可愛い印象。

GOLDWIN

流行りのボアはトップスでも。
ウィメンズですが、元から
メンズのような大きめサイズで
デザインされているので、
簡単におしゃれにキマります。

patagonia

「H BEAUTY&YOUTH」で
購入したウエストバッグ。
スポーティのさじ加減が
わからない場合は、よく行く
セレクトショップをチェック。

ユニクロ以外の
プチプラブランドで選ぶのはコレ!

GU

ついつい買ってしまうのは
「今」を感じる小物たち。
この価格なら、とダメ元で
買ったはずのどれもが
息長く使えるのは驚きです。

GAP

その時々の流行だけでなく、
ベーシックなデニムも
上手なのがGAPのよさ。
数年前に買ったジージャンは
変わらずヘビロテ。

無印良品

毎年、買い足している
ベーシック色のリブタンク。
形や素材のよさに加え、
タグがなく、チクチクせずに
着られるのもポイント。

ブランドにはこだわりませんが、おのずと増えたものから考えると
やはりその店が得意とするアイテムには、〝名品〟が多いように思います。
たとえば、昔から着心地のいい素材に定評のある「無印良品」なら
タンクやキャミといった直接肌に触れるもの。カジュアルブランドの
「GAP」ならデニム、トレンド上手な「GU」なら旬の小物……
結局これも〝餅は餅屋〟。移り変わりの早いプチプラなら、なおのことです。

COLUMN 05

朝のコーディネートがラクになる、「色別収納」しています

ニット、カットソー、パンツ……とアイテムによって服を分けていた頃は、
引き出しの上のほうにあるものばかりを着たり、似た服を何度も買ったりして、
〝買っているわりには、代わり映えしないおしゃれ〟ばかり。でもあるとき、
専門家の方に「狭いクローゼットでは、色で分けるほうが無駄がなくなる」
と聞いて実践してみたところ、これが驚くほどどハマリしました。
色で分けるとまず格段に見やすく、持っている服を把握しやすいので、
無駄買いが一気に減ります。そして私のように「この服が着たい」ではなく、
「今日はよく寝て元気だから、明るい色が着たい！」というように
その日の気分で服を選ぶ方は、色や柄がカギとなることが多いので、
目標を見つけやすく時短にもつながります。どうしても朝、服が決まらない、と
お悩みの方は、クローゼットの中を並べ替えるのも手かもしれません。

UNIQLO
MIX
STYLE

おわりに

雑誌で伝えきれないことをお伝えしたい、そんな思いからスタートした本作りではありましたが、いざ１２８ページと言われると、果たしてそんなに伝えたいこと、お伝えできることがあるのか……と不安に思うこともしばしば。でも、実際に取りかかってみると意外なほどスムーズに、とても楽しく書かせていただくことができました。

それはやはり、それだけユニクロの服、つまりはシンプルな服というのは楽しみ方も多く、奥深いということなんだと思います。

私がこの本を通して一番伝えたかったことは、
「おしゃれだね」と言われることがすばらしいことなのではなく、
「おしゃれが楽しい」と思えることが最も大事で、素敵なことであるということ。

究極を言えば、私はおしゃれとは「人のため」だと思っています。
大人になればなるほど、付き合いもあるし、仕事もあるし、
たとえばお子さんのいる方だったら、汚れてもいいか、洗えるかも気になるし、
自分の好きなものを好きなだけ、とはいかなくなってくる。
加えて、毎日のことだから、そうそうがんばってもいられない。
残念ながら、昔ほどおしゃれが楽しかったり、
特別なことと思えなくなってしまうのも、仕方のないことです。

だからこそ、誰にでもマネできる、手頃なユニクロで
そんな「楽しさ」が取り戻せたら、こんなにいいことはないと思うのです。

先にも書いたように、ユニクロは楽しみ方も多いぶん、工夫のしがいがある。
服を着るだけのはずが、いつもは気にしない髪やメイクにこだわってみたり、
ふだんは行かないようなところで、似合う服を探してみたり、
そんなひとつひとつのプロセスもまた、豊かな時間として記憶に残るはずです。

本の製作にあたって、私自身ももう一度自分のワードローブに向き合って、
どうすればおしゃれが楽しくなるか、をあらためて考え直すことができました。
そしてまたひとつ、おしゃれを楽しんでみようという気持ちになりました。

そう思えたのは、すべてこの本があったからこそ。
その機会を与えてくださったすべての読者の皆さま、一冊の本という形に
してくださったスタッフの皆さまにも、心より感謝を申し上げたいと思います。

最後まで読んでくださり、ありがとうございました。

２０１９年４月　伊藤真知

伊藤真知

MACHI ITO

ファッションエディター。1979年生まれ。津田塾大学卒業後、出版社に勤務。
その後フリーとなり、「VERY」「with」「BAILA」「Marisol」など、
数々の女性誌で活躍。ファッションページの編集やインタビューのほか、
ブランドのカタログ製作なども手がける。ユニクロをテーマにした企画を多く担当し、
自身もユニクロを偏愛。本人のシンプルだけどどこかお茶目な
カジュアルコーデは、さまざまな媒体で注目されている。

STAFF

撮影　須藤敬一（人物）
　　魚地武大（TENT／静物）
　　金栄珠（本社写真部／人物&静物単品切り抜き、ショップ、
　　　化粧品、ヘアプロセス）
ヘア&メイク　神戸春美
スタイリング協力　池田メグミ
撮影協力　UNIQLO
ロケバス　渡邉一馬（HORSE）
デザイン　ないとうはなこ

講談社の実用BOOK
「ユニクロは3枚《まい》重《かさ》ねるとおしゃれ」の法《ほう》則《そく》

2019年4月11日　第1刷発行
2020年8月12日　第7刷発行

著者　伊《い》藤《とう》真《ま》知《ち》

発行者　渡瀬昌彦
発行所　株式会社 講談社
〒112-8001　東京都文京区音羽2-12-21
編集　☎03-5395-3814
販売　☎03-5395-4415
業務　☎03-5395-3615

印刷所　凸版印刷株式会社
製本所　株式会社国宝社

ISBN978-4-06-515380-2